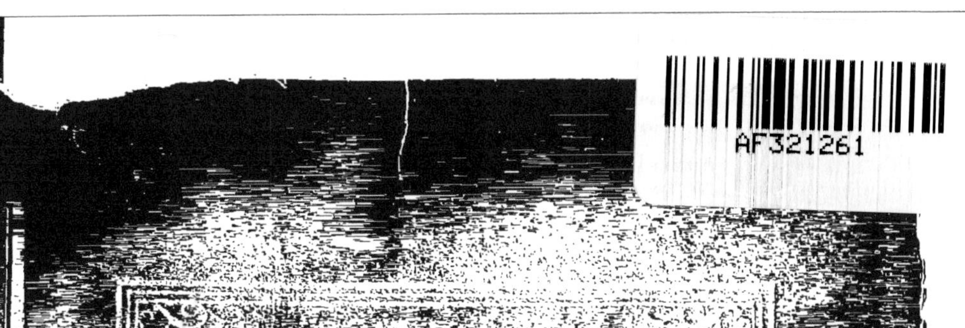

ROSE BLANCHE

HISTOIRE

D'UNE JEUNE FILLE

PAR

Mme ADÈLE CALDERAR

Paris

Chez tous les Libraires

1847

ROSE BLANCHE.

Paris. — Imp. de E. Bautruche, rue de la Harpe, 90.

ROSE BLANCHE.

HISTOIRE

D'UNE

JEUNE FILLE

PAR

Mme ADÈLE CALDELAR,

AUTEUR DES FABLES MORALES ET RELIGIEUSES,

Ex-inspectrice des écoles primaires.

PARIS,

CHEZ TOUS LES LIBRAIRES.

1847

INTRODUCTION.

Un jour qu'une affaire m'avait appelée rue
des Ecouffes, j'avais pris pour revenir chez
moi l'omnibus du marché Saint-Jean; arrrivé
rue Saint-Martin, ce véhicule se trouva arrêté
et bientôt bloqué par un si grand nombre
d'autres de toute espèce, qu'il fut à l'instant
visible à chacun que plus d'un quart d'heure
s'écoulerait avant que le conducteur se tirât

d'un pareil encombrement. Après avoir maugréé de cette circonstance ainsi que le reste des voyageurs, je me pris, afin de passer le temps, à examiner mes compagnons de mécontentement et d'ennui. J'avais à peu près fini ma revue sans que mes observations m'eussent offert rien de bien intéressant, lorsque mes regards vinrent à s'arrêter émus sur deux deux personnes de sexe différent qui me semblèrent mari et femme, et dont la première me parut avoir environ quatre-vingts ans, et la seconde à peu près soixante-dix. Les attentions mutuelles de ces vieilles gens, les paroles qu'elles échangeaient, tout indifférent que fût en soi le sujet de leur entretien, et jusqu'à l'air dont elles se regardaient, qui avait quelque chose de particulier et de touchant, me causaient je ne sais quel attendrissement et me jetaient dans des pensées mélancoliques qui n'étaient pourtant ni sans charme ni sans douceur.

Heureuses créatures, me disais-je, qui ensemble ont traversé l'existence tout entière !

qui jamais n'ont levé les yeux sans rencontrer des yeux aimés pour noyer et fondre leur âme! une bouche chérie pour leur sourire, les réjouir ou les consoler; qui jamais n'ont fait un pas dans la vie sans trouver un bras pour les soutenir, un sein pour reposer leur tête! Heureuse femme, qui depuis si long-temps possède un si sûr asile! Heureux homme, qui depuis un temps pareil jouit d'une société si douce et si chère! Heureux époux! qui dans leurs plus mauvais jours ont, appuyés l'un sur l'autre, résisté au vent de l'adversité! dont le cœur ne fut jamais seul, et pour lesquels il ne reste d'autres souhaits à faire que de mourir le même jour et à la même heure! Puisse se réaliser en eux la fable de Philémon et de Baucis!

J'en étais là de mes réflexions; et je m'y étais insensiblement abîmée, à ce point de ne m'être pas aperçue que l'omnibus avait enfin repris sa marche. J'en fus tirée par ces pa-roles que l'un des voyageurs dont il s'agit adressait à l'autre. « Mademoiselle, si vous le

voulez, nous allons descendre ici. » —*Mademoi-*
selle !.. Ces deux personnes n'étaient donc pas
mari et femme ; elles n'étaient donc pas même
non plus frère et sœur ! qu'était-ce donc ? —
— Des amis sans doute. — Je venais de tirer
cette induction, à laquelle j'avais joint pour
corollaire que c'est en tout et à chaque instant que les apparences sont sujettes à nous
tromper, quand je fis attention qu'il était
temps que je descendisse moi-même.

Quinze mois s'étaient écoulés, et les impressions que j'avais reçues ce jour-là étaient depuis longtemps effacées, quand un soir je ren-
contrai dans le monde les deux individus en
question ; je les vis de plus près et je remar-
quai alors que l'homme n'avait qu'un bras,
particularité qui m'avait échappé la première
fois, et ne fit qu'accroître l'intérêt qu'ils m'a-
vaient d'abord inspiré, et rendre plus vive la
curiosité que j'avais de les connaître.

La maîtresse de la maison, à qui je racontai
ce qu'on vient de lire, me dit qu'elle savait
toute leur histoire et m'en ferait volontiers le

récit s'ils y consentaient. Non-seulement ils ont eu cette complaisance, mais encore ils m'ont permis de la publier, ce que j'en ai sollicité, la trouvant pleine d'utiles enseignements.

La voici dans toute sa simplicité. Des motifs sur lesquels je dois garder le silence m'ont fait toute fois y taire ou changer quelques noms de personnes et de lieux.

En 1752, M. Savinien Marsolier de la
Hautière épousa à N... mademoiselle Marie-
Blanche de Boisjoly, jeune orpheline, de race
patricienne, et dont les parents ne virent le
mariage qu'avec chagrin, quoique par des considérations de fortune ils ne s'y opposassent
pas. La cause de cette répugnance était la famille de M. de la Hautière ; car bien qu'il y ait

encore aujourd'hui en France des gentilshom-
mes de ce nom, le mari de mademoiselle de
Boisjoly était né dans ce qu'à cette époque on
appelait la bonne bourgeoisie, et ne devait celui qu'il portait qu'à une terre dont il était
possesseur.

Les jeunes mariés, fort épris l'un de l'autre,
désiraient passionnément des enfants, et ce fut
pour eux une grande peine de voir plusieurs
années s'écouler sans que le ciel exauçât ce
vœu, le plus ardent de leurs cœurs. Déjà ils
avaient à peu près perdu tout espoir de postérité, quand madame de la Hautière devint
grosse au commencement de 1757, cinq ans et
trois mois après son mariage. Elle l'était de six
environ quand elle perdit son mari. L'enfant
posthume auquel elle donna le jour fut une
fille qui reçut au baptême les prénoms de Rose-
Blanche. Elle fut nourrie par sa mère qui avait
alors de vingt-quatre à vingt-cinq ans, et était
dans toute sa force et tout son éclat. Ce dernier
mot n'est peut-être cependant pas celui qu'il
faudrait employer ici, madame Marsolier

n'ayant jamais eu ce que le vulgaire appelle de la fraîcheur, c'est-à-dire des couleurs bien décidées. Elle était telle qu'à seize ans on lui en donnait vingt-deux, et qu'à trente-six on ne lui en supposait que vingt-cinq ; les cheveux châtains foncés, la peau brune, les yeux et les sourcils à peu près de la nuance de sa chevelure, aussi ne passait-elle point pour jolie et même n'était belle qu'aux regards des connaisseurs. Son charme était la noblesse et la distinction ; le caractère de sa beauté, la pureté des lignes et la suavité des contours. Il serait difficile de rencontrer une tête plus académique, supportée par un corps mieux proportionné. Ce n'était là assurément ni une Flore, ni une Vénus ; mais il y avait dans toute sa personne de la Minerve et de la Junon. Chose si vraie, qu'un jour qu'elle s'était coiffée un moment d'un casque qui s'était trouvé sous sa main, chacun en fut frappé aussitôt.

Puisque j'ai eu recours à la mythologie pour donner une plus juste idée de son extérieur, je ferai ainsi de l'histoire pour son moral et dirai qu'elle avait dans l'esprit et le cœur quelque chose de la reine de France dont elle portait le nom.

Elle ne se borna pas à nourrir elle-même sa fille de son lait, elle voulut encore que le pain de la vérité et de la sagesse, ces purs et sains aliments de l'âme, ne lui fussent aussi offerts que par elle. Jalouse de former seule le cœur de son enfant, elle n'admit qui que ce fût à partager cette noble tâche à laquelle elle consacra tout son temps, tous ses soins et toutes ses facultés. Quelques professeurs furent appelés à cultiver la mémoire de Blanche, à développer et à orner son esprit; mais ils furent choisis avec un discernement si merveilleux, surveillés si attentivement, qu'ils ne lui inculquèrent jamais rien qui détruisît l'unité sans laquelle toute éducation est vicieuse.

Du reste, madame Marsolier eut le bonheur de trouver, pour déposer les semences sacrées de la foi et de la vertu, une terre riche, féconde, admirablement disposée, et qui la paya au centuple de ses labeurs.

Mademoiselle Blanche de la Hautière avait reçu du ciel une sensibilité vive, un esprit docile, un sens droit et une raison précoce ; quelque temps l'on put demeurer en doute de l'étendue de ses facultés ; mais si la portée de son intelligence ne fut pas d'abord entièrement connue, en d'autres termes, si ce qu'on appelle esprit communément fut chez elle une fleur éclatante et radieuse qui s'épanouit doucement et ne fleurit qu'assez tard, son jugement et son cœur, du moins, donnèrent dès sa plus tendre enfance de précieuses arrhes.

Il était autrefois reçu de faire le portrait de toutes les héroïnes de roman, et il était alors de nécessité qu'elles fussent belles. Depuis, la mode qu'elles soient laides s'est établie, et si j'avais à peindre ici une figure imaginaire, je ne sais si je devrais emprunter la plume de Richardson ou de M. de Balzac ; mais n'étant point dans ce cas, je dirai que Rose-Blanche avait l'extérieur le plus analogue à son moral. On ne pouvait à ce visage rêver une autre âme, à cette âme unie à ce corps un autre nom.

Jusqu'à treize ans, dans sa famille, on l'appela Rose et Blanche par allusion à ces deux couleurs qui fleurissaient sur son teint. A cette époque, madame Marsolier fit une maladie grave qui mit ses jours en péril, et durant laquelle sa fille, si jeune encore, ne voulut point cependant souffrir qu'elle eût d'autre garde ni que personne qu'elle la veillât. Après que la malade fut hors de danger, il lui resta quelque temps encore une somnolence qui ne lui permettait pas de bien distinguer ce qui se passait autour d'elle. La nuit, elle avait encore moins de connaissance et il lui prenait souvent des faiblesses et d'abondantes sueurs. Afin d'être plus à même de lui continuer ses soins, mademoiselle de la Hautière, fatiguée par vingt-trois jours d'insomnie, partageait sa couche, et chaque fois qu'elle l'avait changée de linge elle prenait sa place. Cette manœuvre imprudente, ignorée du médecin et qui aurait pu avoir pour la santé de cette jeune personne de si graves conséquences, n'en eut point d'autres que de lui enlever les couleurs brillantes qui la faisaient comparer à la reine des fleurs. Il ne lui en resta pas le moindre vestige, et elle ne les recouvra jamais (1). Aussi, depuis lors, supprima-t-on la particule qu'on joignait à ces prénoms, et on ne l'appela plus que Rose Blanche.

Je ne sais si cet évènement fut un malheur et si l'on dut s'en affliger et l'en plaindre, je ne connais que par oui-dire ce qu'elle fut auparavant; mais j'ai sous les yeux un portrait au pastel où elle est représentée à dix-huit ans, et je ne conçois point ce que le coloris de la jeunesse et de la santé y pourrait ajouter de charmes. Il est vrai qu'excepté aux lèvres, c'est en vain qu'on y chercherait la moindre nuance carminée. Le front, le nez, les joues, le menton, tous les traits enfin, ont, comme le cou, les bras et les mains, la pureté, la blancheur

_____

(1) Historique.

du marbre statuaire; mais que ces cheveux de jais sont beaux! que ce front élevé et un peu fuyant a de majesté! que ces grands yeux noirs sont pleins de flamme! combien les arcs d'ébène qui les surmontent leur donnent de fierté et les longs cils qui les ombragent de douceur! que ce nez aquilin est bien dessiné! cette bouche admirablement coupée! ce menton délicatement arrondi! comme les grâces ont modelé ce cou, ces bras et ces mains avec amour! Dans la taille que de noblesse et d'élégance, dans le port que de décence et de dignité! dans l'air quelle sérénité! quelle douceur; mais pourtant quelle force et quelle énergie; et ces diverses expressions, comme saupoudrées d'une vague et rêveuse tristesse, voile si léger qu'il faut pour l'apercevoir un regard exercé et observateur, aussi diaphane que la glace qui recouvre le pastel! Peut-être il est des ensembles plus séduisants et qui parlent plus aux sens; mais en est-il de plus harmonieux, de plus poétiques et qui aillent si vite et si droit au cœur.

L'éducation de mademoiselle de la Hautière ne fut point celle qu'on reçoit dans la plupart des pensionnats. Ce fut un édifice solide, patiemment élevé, dont la large base, toute construite de la science du *bien vivre,* fut posée sur les indestructibles fondements du vrai et du juste. Les vertus en firent la charpente, et le raisonnement et la réflexion furent les instruments dont on se servit le plus. Pas une pierre n'y fut placée sans que l'architecte l'eût avant examinée avec soin, sans qu'il se fût assuré de ses propres yeux qu'elle servirait à la perfection de l'ensemble. Les connaissances ordinaires : les langues, l'histoire, la fable, la litterature, l'économie domestique, les travaux manuels du sexe, entrèrent comme des matériaux ou plus ou moins importants dans la composition du monument ; mais tous furent mis en œuvre de telle sorte qu'ils formèrent un tout homogène, et ce tout fut, du sud au nord et de l'est à l'ouest, enduit du ciment de la charité. Les arts, les talents d'agrément n'en furent pas exclus ; mais ils n'y figurèrent que comme accessoire, et en firent seulement la décoration.

Madame Marsolier, dès que sa fille fut capable de la comprendre, se fit une obligation d'avoir avec elle des entretiens journaliers sur les devoirs de l'homme envers Dieu, ses semblables et lui-même ; jusque-là elle avait préparé le sol, arrosé, veillé, prié : maintenant la germination s'était opérée, la jeune plante avait percé la terre ou l'avait vue poindre, et ses premières feuilles embellissaient déjà le sein maternel. Le jardinier donc pouvait commencer à jouir de ses travaux : ce fut ce moment que madame de la Hautière choisit pour dresser l'inventaire intellectuel des années qui venaient de s'écouler ; après quoi l'heureuse mère, les regards attachés sur son ouvrage, se reposa un moment, et vit, comme Dieu, que ce qu'elle avait fait était bien.

Du sort de l'homme en général et de tout ce qui touche notre destination sur la tere elle passa bientôt à la vocation de la femme en particulier, et appela l'attention de sa fille sur l'importance du choix d'un époux : grave sujet, qui fut souvent entre elles le thème d'instructives et intéressantes conversations.

Ce fut ainsi qu'au sein de l'obscurité, dans de pieuses occupations, d'attachantes études, des plaisirs simples et de douces causeries, se passèrent quatre ans encore; quatre ans de félicité, tout parfumés d'innocence, et tels que, s'ils se fussent reproduits, la mère et la fille auraient oublié peut-être que le bonheur, ce frère de la paix, ce fils du travail et de la vertu, a chez eux ici-bas un pied-à-terre, mais que son domicile n'est que dans les cieux !

Mademoiselle de la Hautière avait dix-huit ans, et nul homme encore n'avait été distingué par elle. Ceux qui avaient demandé sa main, et dont son peu de fortune avait rendu le nombre assez limité, avaient été refusés sans hésitation ; elle sentait bien que sa position pécuniaire ne lui permettait pas d'espérer trouver ce qu'on appelle un brillant parti ; elle comprenait à merveille qu'il lui serait encore in-

finiment plus difficile d'en rencontrer un selon ses goûts et son cœur ; mais ces diverses
prévisions n'ébranlaient point sa résolution de
demeurer fille plutôt que de s'unir à un
homme auquel elle ne pourrait s'attacher.
Or, ceux qu'elle voyait dans l'intimité étaient
presque tous d'un âge si disproportionné
au sien, que cela seul excluait à ses yeux
toute idée de mariage ; et les jeunes qu'elle
rencontrait dans le monde lui semblaient pour
la plupart si désœuvrés, si inconséquents, si
frivoles ; le jargon des beaux du jour lui était
tellement antipathique, leurs manières de voir
sur toute chose se trouvaient si diamétrale-
ment opposées aux siennes, qu'aucun ne fit
la moindre impression sur son cœur.

A cette époque M. Sergis, leur médecin,
et l'une des personnes qu'elles voyaient le plus
souvent, reçut la visite d'un de ses parents,
qui avait d'abord été avocat au parlement de
Paris, puis magistrat, et qui venait tout récemment de se démettre de ses fonctions, tant
pour soigner sa santé, très-altérée, que pour

terminer dans le repos un ouvrage de juris-
prudence fort important, et pour lequel les
occupations de son emploi ne lui laissaient
pas assez de loisir.

M. Sergis le présenta à ces dames pour qui
c'était une connaissance nouvelle et ancienne
tout à la fois. Elles ne l'avaient jamais vu ;
mais le docteur, qui entretenait une correspondance assez active avec lui, leur lisait souvent les lettres qu'il en recevait, et ces missives où une âme pure s'épanchait en liberté,
avaient inspiré à toutes deux beaucoup d'estime
pour l'auteur.

M. d'Hénin avait alors trente-huit ans ; une
taille moyenne dans laquelle cherchait déjà à
se prononcer l'obésité ; ses cheveux rares
étaient en quelques endroits blanchis par de
longs travaux ; son front était sillonné par des
rides précoces. Du reste, c'était une de ces figures ouvertes où le cœur se réflète dans tous
les traits, et de ces yeux gris jaillissaient des
étincelles d'esprit et de bonté. En deux mots
M. d'Hénin n'était ni beau, ni bien fait ; mais

il avait un physique qui disposait sur le champ en sa faveur ; une de ces physionomies qui dans l'occasion invitent à prier d'un service, à faire une confidence, à demander un conseil ; pour lui le système de Lavater n'eût pas été en défaut. Son moral tenait et même au delà ce que promettait son extérieur. Son cœur était bon jusqu'à ce point où commence la faiblesse, son esprit solide, son jugement sûr ; travailleur infatigable, homme docte et jurisconsulte habile, il avait plus de fond que de brillant, de logique que d'éloquence, et l'on ne pouvait guère lui reprocher qu'une sorte d'humilité hors de propos, qui le faisait douter de ses avantages ou le portait à attacher trop de prix à ceux qu'il ne possédait pas. Il fut frappé de la beauté de Blanche, charmé de l'esprit de sa mère, et bientôt il passa près d'elles tout le temps que la discrétion lui permit. Quelle fut sa surprise en rencontrant dans une demoiselle si jeune encore un mérite si rare, relevé par une modestie si charmante et si sincère !

L'intimité s'établit promptement là où se

rencontrent de telles sympathies. Aussi la plus douce régna-t-elle bien vite entre ces trois personnes, dont les âmes étaient sœurs et le sentaient. Comme l'arbuste dont la sève fut desséchée et la verdure fanée par le temps ne reprend jamais sa première fraîcheur ; mais comme aussi celui dont les feuilles ne furent crispées et flétries que par le vent ou l'orage peut revenir tel qu'auparavant sous les bienfaisantes influences d'une autre température, ainsi M. d'Hénin, dont de longues peines avaient flétri le visage, perdit dans la société des dames Marsolier ces apparences d'une vieillesse prématurée.

L'histoire de cet homme était triste et simple, il touchait à son huitième lustre et jamais encore il n'avait été aimé. Son premier malheur fut sa naissance. Non qu'elle ne fût pas légitime, mais parce que sa mère mourut pour le mettre au monde. Son père, qui adorait sa femme, loin de chercher près du berceau de leur enfant quelque allégement à sa douleur, le prit au contraire dans la plus étrange aversion.

Il l'éloigna de lui aussitôt, et pendant cinq ans il ne voulut pas souffrir qu'on le lui amenât une seule fois. Au sortir du sevrage, le petit Ferdinand fut mis en pension, où onze ans durant son père lui rendit une visite chaque année. Cet être dénaturé avait reporté ses affections sur un neveu, et jusqu'à sa mort son cœur demeura fermé à son fils unique, quelque soumis et respectueux que fût cet enfant qui voulut que les volontés de l'auteur de ses jours fussent exécutées, même en ce qu'elles avaient de plus injuste et de plus attentatoire à ses droits.

Devenu deux fois orphelin, le jeune d'Hénin passa aux mains de son oncle nommé son tuteur, du caractère et surtout de l'égoïsme duquel il eut tellement à souffrir qu'il y regretta souvent la vie qu'il menait chez des étrangers. L'étude qu'il avait toujours chérie devint heureusement alors pour lui une passion dominante qui le consola de tant d'injustices, et peut-être il les eût déjà oubliées au sein des joies du foyer domestique, que mieux que personne il était fait pour goûter, s'il eût rencontré une

compagne digne de lui. Mais il n'avait jusqu'à ce jour trouvé sur ses pas que des femmes
coquettes et vaines, uniquement occupées de
futilité, sans instruction véritable, fardant leur
âme et leur visage à la fois, et dont l'esprit
(car beaucoup avaient de l'esprit) n'était tourné
que vers le caquetage, la médisance et la rail-
lerie.

L'éducation de collége, cette éducation à la
vilain que le jeune Ferdinand avait reçue, eut
ce résultat que quoique noble il n'eut aucun
des préjugés de la noblesse d'alors, et son naturel était si heureux, son jugement d'une si
parfaite rectitude, qu'il ne prit des idées nouvelles que ce qu'elles ont de généreux et de
vrai, et qu'il se maintint toujours également
éloigné de tout excès. Quant au milieu social
où il vécut depuis, autres en furent les effets
d'une organisation éminemment et profondément impressionnable ; homme par l'intelligence et femme par la sensibilité, son cœur qui
se fût ouvert à la douce haleine de l'affection se
ferma au souffle glacé de l'indifférence. De

l'enfance sans traverser la jeunesse il passa à l'âge mûr, et finit par s'exagérer à ce point ses désavantages extérieurs qu'il renonça à inspirer un sentiment exclusif, prit le parti de rester célibataire et se proposa de vivre pour l'humanité et de consacrer tout entières au bien public les hautes facultés qu'il possédait.

On comprend mieux qu'on ne le peut exprimer ce qu'un pareil homme dut trouver de charme dans la société des deux femmes que j'ai dépeintes; ce fut une vie nouvelle; il éprouva quelque chose d'analogue à ce que sentirait celui qui, né sous le ciel brumeux de la triste Albion, se trouverait tout à coup transporté dans le plus beau climat du monde et contemplerait pour la première fois le radieux soleil de la brillante Italie. Ces dames elles-mêmes, quelque heureuses qu'elles fussent auparavant, ne se purent dissimuler l'animation qu'il avait apportée à leur existence; rien n'y manquait; mais ses entretiens et sa présence l'avaient colorée et y avaient donné plus de saveur. Montaigne ne dit-il pas que l'amitié est le sel de notre vie. Chaque jour on s'appréciait mieux, on s'aimait plus, on s'estimait davantage, tous trois remerciaient la Providence qui les avait rassemblés. Blanche entendait enfin un homme lui parler un langage digne d'elle, bientôt elle osa lui confier la règle de ses journées, et ce fut non le sourire de l'ironie, mais des larmes d'attendrissement qui accueillirent la confidence de la noble jeune fille. Le savant, le docteur, ne dédaigna pas de prendre des leçons de l'enfant sur l'emploi du temps! Jusque-là sa vie s'était écoulée en de pénibles recherches, en de laborieuses, d'interminables spéculations sur les lois, la diplomatie, l'économie politique. M. d'Hénin était un savant profond, un légiste consciencieux, c'était aussi un philantrope dans l'acception la plus honorable de ce mot, tel qu'on l'entendait avant l'abus que l'on en a fait depuis. Mais comme un grand nombre de philosophes, d'écrivains et de penseurs, il s'était beaucoup plus préoccupé de l'avenir que du présent, et avait le plus souvent négligé la pratique pour la théo-

2

rie. Absorbé par les travaux du cabinet, il avait fait le bien quand il en avait rencontré les occasions, et en cela il avait toujours suivi son impulsion naturelle; mais il ne lui était jamais arrivé de les rechercher. Blanche au contraire les faisait naître et allait au devant d'elles. Le feu de la charité embrasait le cœur de l'un et de l'autre; mais dans celui de Ferdinand c'était la flamme qui éclaire, dans celui de Blanche celle qui échauffe; elles se confondirent, et sans rien perdre de leurs propriétés propres, en acquirent de nouvelles par la fusion.

Toutes les après-dînées M. d'Hénin venait lire aux dames de la Hautière ce qu'il avait trouvé de plus remarquable soit dans les papiers publics, soit dans les ouvrages nouveaux, et ce qu'il avait écrit le matin; après ses lectures chacun en faisait ses réflexions, ses commentaires. Les premières fois l'aigle emporta la colombe sur ses ailes; mais bientôt elle s'habitua à le suivre, d'abord d'assez loin, puis de plus près, et à la fin ce fut fréquemment que de conserve ils voguèrent au sein de l'Ether parcourant ainsi les plus élevés, mais trop souvent arides champs de l'intelligence. Dès qu'il se sentait fatigué, l'oiseau de Cypris s'appuyait sur le Condor, et tous deux abaissant leur vol allaient descendre dans les plaines fertiles de la morale, et s'y délassaient de leur pénible ascension.

Mais si aux dissertations qui élèvent l'esprit, l'étendent et le fortifient, succédaient les pieuses et tendres méditations qui disposent le plus l'âme à la vertu, le cœur à la compassion, celles-ci se traduisaient en actes chaque jour. Blanche s'étant fait une loi de ne se coucher jamais sans avoir été utile à quelqu'un : *tout le monde*, disait cette aimable enfant, *ne peut pas être César ; mais chacun, à sa façon, peut être Titus.*

Nul besoin ne la prenait au dépourvu : aux uns elle portait des aliments, aux autres des vêtements qu'elle avait confectionnés de ses mains ; à ceux-ci des médicaments, à ceux-là de l'argent, fruit de ses économies ou de son travail; car Blanche peignait les fleurs, et de ce talent s'était fait un petit revenu, uniquement consacré aux misérables. Elle joignait quelquefois à ces présents la bonne nouvelle d'une place, d'une pension, de quelque grâce obtenue. Toujours quelques-unes de ces paroles qui émoussent la douleur, raniment le courage, font renaître l'espérance. Là elle pansait une plaie, ici elle faisait une lecture de piété, ailleurs elle apprenait à une mère de famille quelque recette d'économie domestique, ou chantait à un bon vieillard quelque noël antique qui le ragaillardissait. Point de famille si triste, si désolée, que ne réjouît ou ne consolât sa présence. Arrivait-elle, c'était la pure étoile dont la douce clarté pénètre au fond du réduit le plus obscur, et qui verse sa discrète lueur dans les yeux les plus fatigués et les plus malades sans les éblouir ni les blesser.

S'éloignait-elle, c'était le bouquet de violettes qui, après avoir embaumé l'endroit où il a séjourné quelques instants, y laisse encore après lui sa suave odeur. On parlait d'elle, on

y pensait: on savait qu'on la reverrait bientôt,
et ce souvenir, et cette certitude, suffisaient
pour faire éprouver après son départ quelque
chose encore du bien-être et du plaisir qu'a-
vait apporté sa venue.

Interrogée un jour par M. d'Hénin sur le
motif qui lui faisait choisir le soir pour aller
visiter les malheureux, elle lui répondit qu'il
lui semblait que la bienfaisance doit fuir les
regards, et que, d'ailleurs, c'était la récréa-
tion de sa journée. « Essayez-en, mon ami,
ajouta-t-elle en lui jetant de ses grands yeux
veloutés un de ses regards d'ange qui lui
étaient particuliers, il n'y a rien qui donne
des songes si doux. »

Essuyer une larme, faire naître un sourire,
tels étaient en effet ses plus doux plaisirs. Mais
pour elle ce n'était pas assez d'être utile, en
outre, elle voulait être agréable encore ; il ne
lui suffisait pas de faire le bien, elle s'étudiait
à ce que ce fût de la manière qui pouvait y
donner le plus de prix. Quelque pures que
fussent ses pensées, méritoires ses œuvres, et

droites ses intentions, la scrupuleuse enfant les examinait exactement chaque soir. A cette conscience timorée paraissait grave la faute qui à toute autre eût semblé légère, ou qui même n'en eût pas été aperçue : la plus petite veine grise se voit sur l'albâtre, tout fait tache sur la neige.

Blanche se reprochait, non d'avoir sciemment affligé, offensé, même désobligé personne, cela ne lui arrivait jamais, mais de l'avoir pu faire involontairement, ou seulement de n'avoir pas apporté assez d'attention à dire aux gens qu'elle avait vus dans le jour ce qui pouvait leur être le plus agréable ou le plus avantageux. Il n'est point de politesse plus aimable que celle qui vient d'une ardente charité ; or, la charité était la passion de Blanche, et, comme l'amant qui craint sans cesse de déplaire à son idole, ce jeune cœur, épris du souverain beau, tremblait continuellement de blesser la sienne.

C'était un ennuyeux qu'elle avait écouté d'un air distrait ; une bonne vieille dont elle avait interrompu une narration qu'elle lui avait déjà faite ; un fils devant qui elle avait raillé de ridicules dont son père n'était pas exempt ; une amie pauvre à laquelle elle avait montré des bijoux qu'on venait de lui donner ; un orphelin en présence de qui elle avait embrassé sa mère.

Un soir, M. d'Hénin, en arrivant, avait un front tout soucieux ; elle s'en inquiéta et lui en demanda la cause avec empressement. C'est, lui dit-il, que je suis aujourd'hui de mauvaise humeur contre moi-même, et je suis sûr qu'après m'avoir entendu, vous me blâmerez plus encore que je ne le fais. Il m'est venu ce matin un étranger pendant que je travaillais, et qui pis est pendant que mon travail n'allait pas à ma fantaisie. Contrarié d'être dérangé dans un tel moment, je l'ai reçu avec si peu d'affabilité qu'intimidé et décontenancé par mon accueil, il n'a pu me dire qu'en balbutiant ce qui l'amenait. Cet individu est, à ce qu'il paraît, un jeune homme bien né, qui, depuis peu était entré dans le barreau ou s'y destinait, et qui, ayant commis une faute de jeunesse, a été forcé d'abandonner cette carrière. Repoussé par les siens, et ayant, je ne sais trop comment, entendu parler de moi, il venait au nom de l'humanité qu'il me supposait et d'une profession qui nous a été commune, me demander quelques secours afin d'aller rejoindre un parent qui habite le midi de la France et qu'il croit trouver moins sévère pour lui que le reste de sa famille. Je vous raconte cette aventure, ma chère Blanche, telle que cette voix austère que l'homme porte en soi en a recousu les lambeaux à mon insu ; car, lorsque cet homme m'a quitté, je la savais beaucoup moins. Uniquement préoccupé de la crainte de perdre le fil de mes pensées, à peine lui ai-je donné le temps de s'expliquer à demi, et tirant un écu du bureau sur lequel je travaillais, je le lui ai présenté en me levant, afin de l'éconduire au plus tôt. Il a rougi, a pris avec quelque hésitation la pièce que je lui tendais et a disparu en me laissant un regard qui l'a bien vengé, je vous assure, car

il m'a empêché d'écrire tout le jour, et peut-
être m'empêchera-t-il aussi de dormir toute
la nuit. Il faut que je vous l'avoue, Blanche,
même auprès de vous, je ne me sens point
heureux comme à l'ordinaire ; le contentement
de soi est comme la santé, le plaisir qui fait
jouir de tous les autres et celui sans lequel ils
n'en sont plus.

'Blanche chercha à dissimuler au moins en
partie la peine que lui causait ce récit, dans
le but de diminuer celle de M. d'Hénin et de
calmer ses appréhensions, bien que les siennes
allassent encore au-delà.

— Savez-vous, lui demanda-t-elle où est
logé cet étranger, et vous a-t-il dit quand il
compte repartir ? — J'ignore l'un et l'autre,
répondit-il ; mais il est sans doute descendu
dans quelque hôtel, ou pour mieux dire quelque auberge de cette ville ; et je crois pouvoir
inférer de ses discours qu'il a dû se remettre
en route presque aussitôt.

Alors il faut croire, reprit Blanche, qu'il se
sera adressé auparavant à quelques personnes

non plus bienfaisantes, mais moins occupées dans le moment et qui auront fait pour lui ce que vous regrettez de n'avoir pas fait vous-même. Ce qu'il y a de fâcheux en ceci est donc seulement de n'être pas entré dans les vues de la Providence qui vous avait choisi pour cette bonne œuvre, et je conçois le chagrin que vous en avez; mais ce chagrin Dieu le voit, il vous en tient compte, et vous renverra bientôt, j'en suis sûre, quelque autre bonne occasion de cette espèce que cette fois vous ne laisserez pas échapper.

Madame Marsolier, à qui la brune venait de faire ployer son ouvrage, et qui jusque-là était demeurée à broder près de la fenêtre sans prendre aucune part à cet entretien, s'étant alors rapprochée des deux interlocuteurs, s'unit à sa fille pour ramener le calme dans l'âme de leur ami; mais ce ne fut qu'imparfaitement qu'elles y parvinrent. La conversation resta languissante et M. d'Hénin se retira de bonne heure sans que Blanche cherchât à le retenir; mais à peine fut il parti qu'allant à sa mère, et l'embrassant, elle lui demanda de la façon la plus pressante de l'accompagner à l'instant même dans les endroits où l'on pouvait le plus penser retrouver ce voyageur. Si nous ne pouvons y parvenir, chère maman, dit-elle, nous nous garderons d'en parler ; mais quel plaisir si, au contraire, nous sommes assez heureuses pour le rencontrer, de réparer une faute que notre ami se reproche si vivement et de lui tout raconter demain matin.

Madame de la Hautière fit quelque objection sur l'heure un peu avancée ; mais Blanche insista tellement qu'elle se rendit. Ces dames sortirent donc, n'emmenant que Joseph, leur domestique, garçon de trente ans, qui, seul avec une vieille bonne nommée Marianne, faisait tout le servicede la maison.

Ce fut d'abord dans les hôtels de second ordre qu'elles se présentèrent ; puis dans les auberges proprement dites ; puis dans des logements moindres encore. Déjà elles en avaient visité un grand nombre infructueusement quand enfin, dans le plus infime de tous, on leur dit que c'était peut-être là. Peut-être était la meilleure réponse qu'on leur put faire, les indications qu'elles fournissaient étant si vagues. Blanche s'en contente, entraîne sa mère, traverse rapidement une sombre allée, franchit un sale petit escalier, une autre espèce d'allée en terrasse, gravit six degrés, se trouve au bas d'une courte échelle, l'a montée avant que madame Marsolier ait eu le temps de le lui défendre. Elle voit une porte, y frappe, refrappe, frappe encore et personne ne dit d'ouvrir ; elle colle son oreille à la serrure, et elle n'entend rien ; alors, apercevant une clef, elle la tourne doucement, la porte s'ouvre, et dans un misérable réduit, qu'une chandelle qui se fond de toutes parts et dont la mèche se recourbe sur elle-même éclaire à peine, on aperçoit des êtres humains endormis. On s'approche. C'étaient deux petits enfants et une mère qui, en travaillant avait cédé au sommeil. Ces dames furent saisies d'épouvante en jugeant par la disposition des objets que ces trois pauvres créatures se trouvaient dans le péril d'incendie le plus imminent, et que, sans le hasard tout providentiel qui les avait amenées, elles y auraient infailliblement succombé.

Blanche les ayant réveillées avec précaution, dès que la pauvre femme fut un peu remise de son premier étonnement, elle exprima sa reconnaissance à ses sauveurs dans les termes les plus touchants ; et, profitant de ce que Joseph était allé demander à l'hôtesse des renseignements plus précis, elle leur raconta en quelques paroles par quelles circonstances elle avait couru un si grand danger.

Mariée à un charpentier, qui s'était cassé la jambe dans un voyage et avait été porté à l'hôpital le plus proche du lieu où lui était arrivé ce malheur, elle n'avait pu, malgré son indigence, résister au désir de l'aller voir. Elle était donc, en mendiant, venue jusqu'à N..., où elle était arrivée la veille au soir, excédée de fatigue ; car c'était à pied et portant ses petits garçons alternativement sur son dos ou dans ses bras, qu'elle avait en deux jours fait quatorze lieues (les trois quarts de son chemin environ); elle avait, néanmoins, voulu veiller, afin de finir une paire de bas de laine au cadet, qui était très-enrhumé. En l'achevant, le sommeil l'avait vaincue.

Les dames Marsolier se montrèrent fort sensibles aux peines de cette femme; elles louèrent ses sentiments et lui donnèrent assez d'argent pour qu'elle pût continuer sa route en voiture et acheter à son mari ces petites douceurs qui, pour un malade, sont presque des nécessités; ensuite elles s'unirent à elle pour remercier Dieu, et Joseph étant revenu, elles la quittèrent.

On s'était trompé d'escalier et de corridor; il s'agissait d'un autre corps de logis. A l'aide des nouvelles explications données à leur domestique, ces dames y parvinrent, et ayant trouvé la chambre qu'on lui avait désignée, l'une y frappa et une faible voix dit d'entrer.

Ce fut là que, pâle comme un spectre, grelottant de froid, exténué par les privations et le chagrin, s'offrit à leurs yeux celui qu'elles cherchaient avec tant de persévérance. A leur aspect, une légère rougeur colora instantanément ses joues, et comme il croyait qu'elles s'étaient méprises, il le leur dit. Mais madame Marsolier s'étant, par quelques questions, assurée de l'identité du jeune inconnu, lui répondit que c'était bien lui à qui elles avaient affaire, que la personne chez laquelle il s'était présenté dans la matinée les avait chargées de s'informer si les dix louis qu'elles lui apportaient de sa part, à titre de prêt, seraient suffisants pour continuer son voyage; et en outre, s'il était quelque autre chose en quoi elle le pourrait obliger. A ces mots, l'étranger ne put maîtriser son émotion; son front tomba dans ses mains, des pleurs brûlants, sortant à flots de ses yeux, coulèrent malgré lui entre ses doigts, et des sanglots qu'il lui fut impossible de comprimer s'échappèrent de sa poitrine oppressée.

« Ah! madame, s'écria-t-il dès que cette explosion de douleur lui eut permis de se servir de la voix, est-il possible qu'il y ait encore au monde quelqu'un qui prenne inté-

rêt à mon triste sort ! et Dieu s'occuperait-il
en effet de ses créatures? — En auriez-vous
douté? reprit madame de la Hautière ; et,
quoi que vous ayez fait, pouvez-vous désespérer de la miséricorde divine? Mais, ajouta-
t-elle, votre jeunesse, votre air honnête et la
distinction de vos manières me font penser
que vous vous jugez avec trop de rigueur. —
Non, madame, reprit l'inconnu. Je ne veux
point usurper votre estime ; apprenez que je
n'y ai aucun droit. C'est un faussaire que vous
avez devant vous! celui qui vous parle la honte
peinte sur les traits serait au bagne, si sa famille n'eût trouvé le moyen de le soustraire à
la justice. Mais sachez encore que si, pour
l'honneur de son nom, cette famille a tout mis
en œuvre pour éviter à l'un de ses membres
une flétrissure qui eût rejailli sur tous les
autres, ni les promesses, ni le repentir du
coupable, n'ont pu en obtenir son pardon.
C'est chargé de leur anathême à tous que je
les ai quittés, il y a huit jours, après avoir
jeté à leurs pieds l'or qu'ils ne me donnaient

que sous la dure et humiliante condition de
sortir de France et de ne les revoir jamais. A
peine m'en étais-je éloigné de la sorte, qu'il
m'est revenu à la pensée que j'avais à Avignon
un parent que je n'ai pas vu depuis fort longtemps, et qui, dans mon enfance, me témoignait beaucoup de bienveillance et d'intérêt. Je me suis flatté qu'il serait moins in-
flexible, et que je pourrais rachetant le
passé par le présent et l'avenir, obtenir sa
protection et son amitié. J'étais fermement
résolu à les mériter, d'abord parce que mon
cœur, malgré la faute que j'ai commise, et à
laquelle des dettes de jeu m'ont entraîné,
n'est pas naturellement vicieux, ensuite parce
que je tenais à montrer à ceux qui m'ont im-
pitoyablement repoussé qu'ils n'auraient pas
eu à regretter d'avoir agi autrement.

J'ai fait le trajet de C. à N. en vendant ce
qui me restait de hardes ; cette ressource
épuisée, j'en étais à me demander comment
je ferais, quand ce matin le hasard m'apprit
qu'un ancien avocat dont maintes fois j'avais

entendu vanter la bienfaisance et la bonté, se trouvait ici, je courus à lui plein d'espérance, et la manière dont j'en ai été reçu a achevé de me jeter dans un si grand désespoir, que tout le jour j'ai parcouru comme un insensé les divers quartiers de la ville sans aucun but. Ce soir je suis rentré, et ayant dit que mon intention était de partir de fort bonne heure, et que pour cette raison je voulais qu'on me remît tout de suite la note de ma dépense, je l'ai payée sur les trois francs qui m'avaient été donnés, et du surplus me suis acheté ce qui était nécessaire à mon dessein, après quoi, ma résolution bien arrêtée, j'ai écrit à l'oncle qui m'a élevé et servi de père (les auteurs de més tristes jours étant morts avant ma cinquième année), la lettre que je finissais quand vous êtes entrée, et dont vous pouvez prendre connaissance. En finissant ces mots, ce jeune homme tendit à madame Marsolier un papier si trempé de larmes que ce ne fut pas sans peine qu'elle y lut ce qui suit :

« Monsieur,

« Vous m'avez fermé vos bras et votre cœur, et par votre exemple et vos discours, vous avez entraîné tous les miens à faire comme vous. Ne pouvant vivre sous le poids de votre malédiction, ne me flattant point de vous la faire révoquer, et sentant que personne n'aura d'indulgence pour celui à qui vous demeurez inexorable, je désespère de toute miséricorde et mets un terme à mes jours.

« Adieu Monsieur, je meurs en vous remerciant des bontés que vous avez eues pour moi, mais aussi en comprenant que mon père est dans la tombe. »

— Oh ! oui, dit Blanche, les yeux humides, et d'une voix altérée, se tournant vers l'auteur de ce billet dont les regards étaient attachés à la terre. Oh ! oui, vous avez raison, ce monsieur n'est pas votre véritable père, puisqu'il n'a pu excuser l'erreur d'un moment ; mais Dieu est bien votre vrai père, lui ! et c'est pourquoi il vous pardonnera, ou plutôt il vous a déjà pardonné, car il ne faut qu'un soupir de contrition pour que le pécheur soit justifié devant lui.

— J'espère, ajouta madame Marsolier, que vous allez trouver, en effet, dans ce parent cherché de si loin un protecteur et un ami ; j'ai même l'heureux pressentiment qu'un peu plus tard vous rentrerez également dans les bonnes grâces de votre famille tout entière, et surtout que vous parviendrez à fléchir ce parent qui éleva votre jeunesse. Nous le demanderons du moins à celui qui, d'un regard, amollit les cœurs' et nous a conduites près de vous comme par la main, pour vous empêcher de commettre une action bien autrement irrémédiable que celle que vous déplorez. Si notre médiation vous est nécessaire, croyez qu'elle ne vous fera pas défaut ; en attendant veuillez vous tranquilliser, et si la réception qui vous sera faite n'est pas telle que nous nous plaisons à l'imaginer, revenez ici et souvenez-vous que l'homme bon et généreux dont nous sommes l'organe prend à votre sort un véritable intérêt, et s'en occupe- rait activement le cas échéant.

A ces paroles, celui auquel elles s'adres- saient ne put répondre que par de nouvelles et de plus abondantes larmes; mais cette fois la source en était trop douce pour qu'il cherchât à les cacher. Il les laissa couler librement le long de ses joues amaigries par le chagrin, et ces dames s'étant levées pour se retirer, il en fit autant, s'inclina devant elles comme il eût fait devant la Divinité, et ses lèvres pâles leur murmurèrent une bénédiction pour adieu.

Peu s'en fallut que Blanche ne tourmentât sa mère pour aller à onze heures et demie ra- conter à M. d'Hénin ce qui venait de se passer. La nuit lui sembla longue, et dès le matin, madame Marsolier, cédant à ses importunités, envoya Joseph à leur ami, auquel elle marqua simplement qu'une chose qui n'avait rien de fâcheux lui faisait désirer de le voir tout de suite. Malheureusement pour l'impatiente en- fant, M. d'Hénin était, contrairement à son habitude, déjà sorti pour affaires; il ne devait pas rentrer de tout le jour, et elle dut se résigner à l'attendre jusqu'au soir; il vint à son heure accoutumée. Dès qu'il parut, elle courut à lui, et sautant de joie, elle lui raconta, sans lui donner même le temps de saluer ni de s'asseoir, ce qu'elle appelait leur expédition de la veille.

M. d'Hénin l'écoutait attentivement, et sa noble et expressive physionomie réflétait successivement les impressions que cette narration lui causait. Mais quand elle fut arrivée au suicide qu'avait médité le jeune inconnu, et qui, si ces dames eussent différé de quelques heures, aurait assurément été accompli, il éprouva un si grand saisissement qu'il changea de couleur et fut obligé de s'appuyer au siége près duquel il se trouvait. — Blanche, dit-il, vous avez plus fait que de me sauver la vie, puisque vous m'avez sauvé d'un remords; je ne saurais m'acquitter d'un tel bienfait, et le ciel seul peut vous en récompenser dignement.

—Eh ! ne l'a-t-il pas déjà fait, reprit la jeune

fille, indépendamment du plaisir si doux que je trouve à vous en faire, et qui seul y suffirait et m'ôterait même tout mérite en cette occasion , oubliez-vous que nous avons eu le bonheur d'empêcher par notre arrivée la mort d'une mère et de ses enfants qui allaient périr victimes de leur imprudence? est-il un prix de nos soins plus grand, plus flatteur, plus désirable que dè les voir fructueux, et qu'est-ce donc lorsqu'ils le sont doublement?

M. d'Hénin connaissait Blanche; mais jamais encore il n'avait si bien senti ce que le cœur de cette jeune fille renfermait de trésors. Il leva les yeux et fut ébloui. Homme imprudent, pourquoi en ce moment attachâtes-vous vos regards sur elle? N'était-ce pas assez du sentiment qu'elle vous avait inspiré? et fallait-il faire river les chaînes que vous portiez sans vous en douter à cette beauté irrésistible dont celle de l'âme fait briller les traits des mortels ?

Quelque charmante qu'elle lui parût tous les jours, en cet instant elle lui sembla transfigurée ; et en vérité, il n'était point là le jouet d'une illusion vaine, d'une erreur des sens ; cette auréole, qu'il voyait autour de son front, ces flots de lumière où elle lui semblait nager, c'étaient les effluves de la vertu.

Trois semaines ont fui, légères et rapides ; nos amis savent trop bien user des moments pour les trouver longs jamais. Madame Marsolier, un peu souffrante, est assise dans une vaste bergère ; elle parfile, non de l'or, elle ne s'amuse point à défaire des nœuds, à détruire des épaulettes, passe-temps favori des grandes dames d'alors.

Ces petits morceaux de soie qu'elle effile ce soir, elle les filera demain, elle les tricotera les jours suivants ces rognures, qu'une autre eût jetées au vent, ce sera avant la fin de la semaine de moëlleuses chaussures qu'elle et sa fille porteront à de petits indigents.

Blanche est près de sa mère ; elle lui lit un ouvrage qui vient de paraître. Cette lecture est interrompue par l'homme d'affaires de madame Marsolier qu'elle avait chargé d'aller toucher ses fermages et qui vient lui en apporter le montant. Le compte a été fait, on l'a cru juste, et déjà M. le Parr avait salué pour se retirer, quand madame Marsolier ayant par hasard fixé son attention sur les piles de louis, a remarqué qu'il y en avait une plus basse que les autres ; on la compte et il s'y trouve un louis de moins; on recompte la somme entière une seconde, une troisième fois même, et cette dernière il demeure bien avéré qu'il manque en effet une pièce d'or.

En vain madame de la Hautière se hâta-t-elle de dire que sans doute un de ses fermiers s'était trompé le premier ; que d'ailleurs ce n'était qu'une bagatelle à laquelle ce serait attacher trop d'importance que de s'en occuper davantage ; M. le Parr resta soucieux et se retira péniblement affecté. M. d'Hénin arriva comme il partait, et Blanche comprit facilement, à la façon dont sa mère conta la chose, qu'elle n'était pas sans soupçons sur son mandataire, ce qui lui fit d'autant plus de peine qu'elle ne les partageait point. Sitôt qu'elle put elle prit donc à part M. d'Hénin, et lui dit : — Puisque vous désirez si vivement une circonstance où vous puissiez me servir, en voilà une, et je vais vous mettre à même. Ma mère suspecte M. le Parr, il l'a vu et en est désespéré ; moi-même j'en suis plus affligée que je ne puis dire, car je le crois le plus honnête homme du monde : allez demain à la métairie de l'Étenduaire ; mais allez-y dès l'aurore, autrement votre course serait inutile. Voilà un louis, vous le remettrez à Gros-Jacques, et lui recommanderez de dire à M. le Parr, si comme j'en suis sûre ce dernier retourne à la ferme demain matin, qu'aussitôt après son départ on a aperçu cette pièce sous la table. Que surtout Jacques ne parle de ceci à qui que ce soit.

On peut imaginer si M. d'Hénin mit de 'empressement à s'acquitter d'une semblable commission, et la malicieuse joie de nos deux complices, quand à midi, ce pauvre M. le Parr accourut tout essoufflé, mais le visage rayonnant comme un soleil, raconter à madame Marsolier de quelle façon ce maudit louis avait été retrouvé.

J'ai rapporté avec une certaine étendue ces deux anecdotes, quoiqu'elles se lient peu à l'action principale de ce récit, afin de faire faire une connaissance plus intime de mes principaux personnages à mes lecteurs. S'il en est auxquels elles déplaisent, je leur rappellerai que je ne les ai point inventées et leur citerai ce mot profond d'une femme célèbre : *Le vrai est comme il peut.* Cela dit, je reprends ma narration :

Depuis que M. d'Hénin était à N... et il y avait près d'un an, Blanche et sa mère lui avaient tout fait oublier. Une lettre de Paris vint lui rappeler qu'il y avait laissé d'importantes affaires, la plupart fort épineuses et par conséquent réclamant ses lumières et sa présence ; il s'agissait de recouvrements difficiles, de droits litigieux et surtout de différents judiciaires datant du déluge ; car ce que M. d'Hénin avait recueilli de plus clair de l'héritage paternel était un procès qui ne l'était guère.

Il communiqua à ces dames les nouvelles qu'il venait de recevoir, et ni l'une ni l'autre

ne lui en cachèrent leur chagrin ; mais madame Marsolier, sentant qu'il y a des choses que l'on ne peut faire que soi-même, se
borna à le prier de revenir le plus tôt possible, et eût même volontiers pressé son départ
pour avancer son retour ; Blanche, au contraire, craignant que, revoyant et Paris et ses
amis, il ne les voulût plus quitter, fit ses efforts
pour le dissuader de ce voyage. « N'avez-vous,
lui dit-elle, confiance en personne? fallait-il
nous accoutumer à nous voir à chaque instant,
si nous devons nous séparer ? et pouvez-vous,
indépendant comme vous l'êtes, si vous nous
aimez autant que vous le dites, ne pas vous
fixer ici ? » Ferdinand fut plus heureux qu'on
ne saurait dire, d'entendre Blanche s'exprimer
de la sorte. « Chère amie, dit-il, à mes
yeux, la terre est une boussole dont vous êtes le
point vertical, et dont mon cœur est l'aiguille
aimantée ; où qu'il soit, rien ne saurait l'empêcher de se diriger vers vous. — Vous seriez
bien fâché, j'en suis sûre, dit madame Marsolier en souriant, que la comparaison que vous

venez de faire se trouvât juste en tout point, et que ce fût vers le pôle glacial que se tournât votre cœur. » Il était l'heure de se retirer. Cet entretien n'eut pas d'autre suite pour le moment ; mais, le lendemain après déjeûner, madame de la Hautière, qui avait revu leur ami en particulier, dit à Blanche : « Ma chère enfant, M. d'Hénin ne me paraît encore décidé ni à retourner habiter Paris, ni à se fixer à N... ; mais je viens d'avoir avec lui tout à l'heure une assez longue conversation, et il m'a priée de vous assurer que dès à présent il l'est à passer sa vie entière près de vous ; qu'il résidera où vous résiderez, se plaira où vous vous plairez, en un mot, fera tout ce que vous voudrez au monde. Néanmoins, comme à l'égard de l'absence dont il a été question hier il vient d'entrer avec moi dans des détails qui m'ont convaincue de son indispensabilité, je ne vois plus qu'un seul moyen d'éviter que vous en soyez séparée, c'est de faire ce voyage avec lui, chose fort possible, en l'épousant auparavant.

Madame Marsolier s'était crue si sûre du consentement de sa fille à ce mariage, que c'est, ainsi qu'on vient de le voir, sous forme de plaisanterie en quelque sorte qu'elle le lui avait demandé. Mais Blanche changea de visage subitement, et ses traits naïfs exprimèrent soudain le plus profond étonnement. « L'épouser! dit-elle : est-ce, madame, tout de bon que vous parlez? — Assurément, reprit madame de la Hautière, d'un ton plus sérieux, et un peu blessée de celui que sa fille venait de prendre. N'êtes-vous donc pas charmée que M. d'Hénin désire de s'unir à vous? et ne l'aimez-vous pas chèrement vous-même? —Si, sans doute, répliqua Blanche vivement ; mais comme un pèr..., comme un frère, dit-elle en se reprenant, et jamais il ne m'était venu à l'esprit qu'il me pût être autre chose. —Vous y réfléchirez, ma fille, dit madame Marsolier; et ce ne sera point une réponse négative faite ainsi de premier mouvement que je transmettrai à notre ami, dont je suis certaine qu'elle déchirerait le cœur. — Je ne vous le demande pas non plus, répondit Blanche ; je me trouve singulièrement honorée des vœux dont vous êtes l'interprète. Mais quelque étrange que cela puisse vous sembler, je le répète, l'idée de cette union s'offre à moi en ce moment pour la première fois ; ce n'est donc réellement point un refus, je ne veux que réfléchir, est-ce-trop d'un mois quand il s'agit de la vie ?

L'amitié vraie est une si ingénieuse conseillère, que, sans s'écarter en rien de la vérité, madame Marsolier trouva des paroles capables d'adoucir à M. d'Hénin ce que la réponse de sa fille pouvait avoir de blessant pour un homme qui avait cru ne la demander qu'avec la certitude de l'obtenir ; et la première impression passée, comme il ne devait partir que sous six semaines, et que Blanche n'avait réclamé qu'un moindre délai, l'amour propre faisant aussi son office, il en conclut que si elle n'avait pas dit oui tout de suite, c'était pudeur ou caprice de jeune fille, et que néanmoins elle était dès-lors déterminée en sa faveur.

Les choses tournèrent de toute façon autrement qu'il ne l'avait présumé. Deux nouvelles lettres qu'il reçut peu de jours après, à vingt-quatre heures de distance l'une de l'autre, et dont la première lui annonçait que ses affaires d'intérêt avaient pris une tournure alarmante, et la seconde que son oncle, atteint d'une maladie incurable et dangereuse, désirait le voir avant de mourir, l'obligèrent à partir incontinent.

Maladie et absence se prolongèrent longtemps, eurent des phases fort diverses, et l'absence de M. d'Hénin dura beaucoup plus qu'on ne l'avait cru d'abord.

Cependant son oncle finit par mourir, et son procès par finir.

L'un après lui avoir restitué quelques parcelles de ce dont il l'avait spolié ;

L'autre, après avoir été jugé à son avantage.

Le premier resta bien mort ; mais le second ressuscita peu après, et alors voyant que malgré ses tentatives d'accommodement il se trou-

avait entraîné à le poursuivre de nouveau, et qu'il n'en pouvait prévoir le terme, il se hâta de terminer tant bien que mal le reste de ses affaires, et cédant au désir de revoir les objets de ses plus chères affections, il marqua aux dames de la Hautière qu'il serait près d'elles sous peu de jours.

A cette nouvelle, Blanche se troubla. Depuis que M. d'Hénin était à Paris, les circonstances qui l'y avaient environné avaient sous tous les rapports, été si pénibles, qu'il n'avait pas cru convenable de la presser, et que dans les lettres qu'il écrivait à sa mère il n'avait jamais osé parler que vaguement de ses espérances et de ses vœux. Il n'en était pas ainsi dans cette dernière, il avait laissé sa passion tenir la plume, et l'on sentait qu'il se flattait que son retour serait salué de ce *oui* si désiré et si longtemps attendu. Quand madame Marsolier eut fini de lire, ce qu'elle y avait fait à haute voix, elle posa la lettre sur ses genoux, se tourna vers sa fille et la regardr sans prononcer une seule parole; mais il a

avait dans son air quelque chose de si inter-
rogatif et de si pressant, que celle-ci ne put s'y
méprendre, et que même elle vit que le moment
de s'expliquer était venu et qu'elle ne pouvait
tarder davantage.

Elle dit donc à sa mère qu'elle était prête
à épouser leur ami ; qu'à la vérité, la distance
d'âge l'avait fait hésiter pendant un temps ;
mais que, s'il n'était pas sous ce rapport le
mari qu'elle avait quelquefois rêvé, du moins
elle avait pour lui un sentiment de préférence
si marqué, et en faisait tant de cas, qu'elle
unirait son sort au sien avec pleine confiance, et l'espoir qu'elle n'y aurait jamais de
regret. »

Madame Marsolier eût fort désiré qu'un
sentiment un peu plus tendre se fût joint à
ceux que sa fille avouait; mais elle se dit
qu'il naîtrait après l'hymen, ou que Blanche
n'était pas née pour le connaître.

Le soir même du jour où elles eurent
cet entretien, la mère et la fille, qui, ainsi
que je l'ai dit, vivaient habituellement fort

retirées, allèrent à un bal, qu'elles crurent ne pouvoir refuser sans impolitesse. Il était nombreux, et elles y virent différents individus qu'elles n'avaient encore trouvé nulle part. De ce nombre était le chevalier de Bellingua, fils du duc de ce nom, et le plus jeune de quatre frères, dont l'aîné seul devait, comme on sait, succéder aux biens de sa maison. Deux étaient déjà dans les ordres, et l'on avait voulu faire un moine du chevalier ; mais cela s'était trouvé si contraire à sa vocation, que, fort de la protection de sa mère, qui elle-même avait de puissants appuis, et lui témoignait autant d'affection que son père d'indifférence, il avait obtenu de ce dernier d'entrer au service. Arthur était donc militaire ; mais, pour me servir de l'expression de l'époque, il n'avait que la cape et l'épée ; à quoi l'on peut, si l'on veut, ajouter la lyre ; car il faisait des vers fort bien tournés. Il est vrai qu'il était aussi propriétaire incommutable de deux superbes yeux bleus et d'une forêt de magnifiques cheveux noirs. C'était alors un jeune cavalier de vingt-sept ans, de la figure la plus agréable et de la taille la mieux prise qui se puisse imaginer. Son costume contribuait encore à faire valoir ces avantages naturels auxquels les charmes de sa conversation et la noblesse de ses manières ne le cédaient point. Il avait dans l'esprit ce brillant qui éblouit joint à cette soudaineté, cet à-propos qui y donne de si séduisants attraits et des grâces si piquantes; en un mot, c'était au plus haut degré qu'il possédait les agréments qui, dans le monde, font l'homme aimable et les qualités qui, selon ce même monde, font l'honnête homme.

Vif jusqu'à la colère, brave jusqu'à l'imprudence, généreux jusqu'à la prodigalité, et avec cette base une livre de vraie bonté, une dose presque aussi forte d'orgueil et de susceptibilité, quatre onces d'ambition, une de malice et deux grains de fatuité; du reste, idolâtrant sa mère, respectant le duc, ayant à son corps la réputation d'un excellent camarade. Tel il était, quand le hasard d'une fête vint l'offrir aux pudiques regards de Blanche, dont le cœur avait été jusque-là un lac d'azur, qui non seulement n'avait point connu la tourmente, mais dont même le souffle des passions n'avait pas encore ridé la surface.

Ces deux jeunes gens se remarquèrent tout d'abord, se plurent aussitôt, dansèrent ensemble et demandèrent, chacun de leur côté, des renseignements l'un sur l'autre.

En revenant chez elle, Blanche parla peu du chevalier à sa mère; mais elle y pensa beaucoup et il lui tarda d'être seule pour y penser plus à l'aise.

Le lendemain, ces dames reçurent quelques visites; il y fut question d'Arthur, et mademoiselle de la Hautière en éprouva de l'embarras et du mal être. Si l'on en faisait l'éloge, elle rougissait, et son cœur se dilatait; dans le cas contraire, il se resserrait et elle y éprouvait de l'oppression et de la souffrance. Au reste, la disposition où elle se trouvait, et qui lui était nouvelle, fit qu'elle ne prit que peu de part à l'entretien, ne loua ni ne défendit le chevalier, et qu'en agissant autrement il lui eût semblé faire quelque chose d'inconvenant et d'insolite.

Quelques jours après elle le revit à une soirée musicale ; il y joua un solo de flûte qu'elle connaissait, et elle crut entendre ce morceau pour la première fois. Ensuite, il s'accompagna de la guitare, ce qu'elle trouva qu'il faisait avec une grâce inimitable. Les vers et la musique des romances qu'il choisit lui parurent aussi ce qu'elle avait ouï de plus délicieux, et comme. dans un passage qui la ravissait, elle leva les yeux sur lui, et qu'elle rencontra les siens, les regards d'Arthur aidant au sens des paroles, elle ne put s'empêcher de s'en faire l'application et en ressentit un plaisir tel que jamais elle n'en avait éprouvé.

Après que plusieurs personnes eurent joué, on la pria de se faire entendre à son tour ; ce qu'elle refusa d'abord, non pour se faire solliciter, elle savait trop combien cela est ridicule, mais parce qu'elle craignait de ne le pouvoir, tant elle se sentait agitée. Cependant elle céda aux instances de la société ; et, ayant préludé sur sa harpe quelques instants, pour tâcher de se remettre, elle chanta un hymne à la piété filiale et un cantique de reconnaissance au Créateur ; et dans ces deux pièces, de style différent, elle mit tant d'âme, eut des accents si pathétiques, si brûlants, des notes si inspirées, que, bien qu'elle n'eût encore que peu de méthode, et que son trouble, qui rendait ses doigts tremblants, lui fît même faire des fautes, qui sans cela ne lui seraient pas échappées, elle gagna plus qu'elle ne perdit à cette émotion, et fut couverte d'applaudissements.

Eh ! quel cœur peut résister au triple ascendant du talent, de la jeunesse et de la beauté, unis pour célébrer les louanges de l'Etre suprême, et les sentiments les plus purs, les plus relevés que puissent éprouver des mortels !

Qui ne sent combien une jeune demoiselle doit se trouver embarrassée pour rendre avec expression des morceaux tels que ceux que, pour la plupart, on leur met entre les mains, dont les paroles ont pour moindre inconvénient celui d'être toujours sur le même sujet, et, de plus, les trois quarts du temps, d'une fadeur et d'une niaiserie désespérantes.

Qu'un homme s'abstienne dans ses chants de locutions équivoques, y évite les mots à double sens ; bref, ne s'y permette rien qui blesse la religion ni les mœurs, voilà peut-être, sinon tout ce qu'on pourrait en espérer et en attendre, au moins tout ce qu'on a droit d'en exiger ; mais en est-il donc ainsi d'une jeune fille, et la pudeur, celui de ses charmes (en eût-elle mille), le plus séduisant, le plus attractif, ne lui conseille-t-il pas de n'y exprimer que des sentiments qu'elle puisse avouer sans rougir ?

Ainsi du moins l'avait pensé madame de la Hautière, et nous avons vu tout-à-l'heure que cela n'avait pas nui au succès de Blanche, et qu'au contraire, l'auditoire électrisé avait fait éclater d'unanimes transports. Quant à Arthur, subjugué plus qu'aucun autre par ce pouvoir dont j'ai parlé, et auquel même ne peuvent se soustraire les hommes pour eux le le moins scrupuleux sur ce point ; s'il ne se joignit pas aux personnes qui vinrent la féliciter, c'est qu'il ne trouvait point de paroles pour exprimer ce qui se passait en lui ; mais Blanche le connut par intuition, elle en jouit avec délice, et ce silence lui parut le plus flatteur des éloges et le plus éloquent des discours.

Les jours suivants ils eurent de nouvelles occasions de se revoir, et s'enchantèrent l'un de l'autre davantage, de sorte que madame Marsolier ayant dit à sa fille quelque chose qui avait rapport à la prochaine arrivée de M. d'Hénin, elle en fut si interdite et si saisie qu'elle pensa s'en évanouir, et son trouble l'éclairant à demi, elle prit un prétexte pour se retirer, et s'étant mise à genoux devant son lit, elle y appuya sa tête et fondit en larmes.

Ce qu'elle sentait était un mélange de diverses émotions fort opposées ; elle avait confusément la conscience qu'il s'y mêlait de la peine et du plaisir ; mais elle n'aurait pu dire en quelles proportions, ni même lequel des deux dominait. Ses pleurs coulèrent longtemps avant qu'elle fût assez calme pour prier ; dès qu'elle le put , élevant son âme à Dieu , elle le conjura de l'aider à lire dans son propre cœur, et de lui inspirer ce qu'elle devait faire.

Une heure après elle retourna dans la chambre de sa mère, alla à elle, l'étreignit de ses bras , cacha son visage sur son épaule et lui dit :

—Ma chère maman, j'ai un aveu à vous faire; je viens de scruter mon cœur ; les dispositions en sont entièrement changées, veuillez ne rien dire à M. d'Hénin de ce dont nous étions convenues ; je ne le puis épouser. La surprise de madame Marsolier fut inexprimable, et se dégageant vivement de l'étreinte de son enfant : — Vous ne pouvez l'épouser, s'écria-t-elle, quelle peut être la cause d'un changement si brusque et si extraordinaire ?

— C'est, répondit Blanche en rougissant et en inclinant de nouveau son charmant visage sur le sein de sa mère, que j'en aime un autre.

— Pourquoi ne me l'avoir pas dit plus tôt? répliqua madame de la Hautière.

— Hélas, reprit la naïve jeune fille, je ne le savais pas moi-même ; et prévenant une nouvelle question facile à prévoir, plus rouge encore, elle approcha ses lèvres tremblantes de l'oreille maternelle, et y versa, en balbutiant, le nom d'Arthur ; et comme madame de la Hautière, l'ayant entendue, gardait le silence, elle en profita pour compléter cette confidence, en ajoutant que, quoiqu'il ne se fût point encore déclaré, elle ne se croyait pas moins certaine d'être payée de retour.

Elle eût pu continuer sans que sa mère eût songé à l'interrompre ; madame Marsolier était plongée dans de tristes réflexions, et ce ne fut que longtemps après qu'elle sortit enfin de cette méditation douloureuse.

Alors elle fit observer à sa fille que bien que leur parole ne fût pas absolument engagée à M. d'Hénin ; cependant, depuis plus d'un an qu'il s'était ouvert de ses intentions, la manière dont elles avaient été accueillies avait dû naturellement lui donner même plus que de légi-times-espérances.

Elle lui représenta qu'en l'épousant son bonheur était aussi assuré qu'il pouvait l'être ici-bas;

Lui rappela l'excellence de sa conduite, l'égalité de son caractère, la pureté, l'aménité de ses mœurs;

Remit successivement sous ses yeux et les précieux avantages, et les rares qualités qu'il possédait;

Vanta tour à tour avec l'éloquence et le feu de l'amitié, l'étendue de ses connaissances, la droiture de son jugement, la solidité de son esprit, et pardessus tout l'élévation de son âme et la bonté de son cœur; et en finissant, faisant appel à la fois à la raison, à l'équité et à la sensibilité de sa fille, elle lui demanda si c'était ce qu'elle réservait à un attachement si sincère et si profond dont il lui avait donné tant de témoignages et des preuves si certaines.

A tout cela Blanche répondit qu'elle rendait, comme auparavant, justice au savoir et aux vertus de leur ami ; qu'elle défiait qui que ce fût d'en dire plus de bien qu'elle n'en pensait, et avait toujours pour lui une haute estime et une parfaite amitié ; mais que ce serait, à son avis, lui mal témoigner la reconnaissance dont elle était pénétrée, que de persister à lui donner une main que le don de son cœur ne pourrait suivre, et qu'enfin quelque chose que la raison lui dît dans l'intérêt de M. d'Hénin, son inclination lui parlait plus haut encore en faveur de M. de Bellingua.

Madame de la Hautière était confondue : elle croyait rêver. Sa fille lui apparaissait sous un jour nouveau. Elle avait cru que l'éducation qu'elle lui avait donnée la préserverait d'un sentiment exalté : la veille encore, elle s'imaginait avoir dépassé son but, et craignait que Blanche n'ignorât toujours l'amour ; et voilà qu'une passion subite l'avait envahie, et l'objet de ce funeste penchant était un homme sans bien , et cependant si au-dessus d'elles par le rang et la naissance qu'on ne pouvait raisonnablement espérer que ses parents consentissent à cette union. Et c'était pour cet homme, qui lui-même croirait peut-être se mésallier en l'épousant, et qu'elle n'avait jamais vu quinze jours avant, qu'elle allait désespérer par un refus un ami de plusieurs années, d'un mérite si rare, et dont le dévouement et l'affection lui étaient si bien connus.

Ces pénibles pensées, et bien d'autres encore, s'offraient en foule à l'esprit de madame de la Hautière; mais elle avait une expérience trop consommée, une connaissance trop approfondie du cœur humain, ponr ne pas savoir combien les difficultés aiguillonnent nos désirs; et sentant de quelle importance il lui était, en de semblables conjonctures, de demeurer la confidente de son enfant, elle se garda bien de lui faire appréhender de trouver en elle aucun obstacle à ses vœux.

Ne rien précipiter, y réfléchir, voilà tout ce qu'elle crut à propos d'en obtenir pour le moment; et après l'avoir embrassée, elle la quitta pour aller demander à Dieu ses lumières et le prier de détourner les orages qu'elle voyait se former sur leur destinée.

M. d'Hénin arriva sur ces entrefaites, et dans l'accueil plein d'amitié cependant qu'il lui fût fait, il sentit tout de suite quelque chose d'étrange, de gêné, d'embarrassé, qui le troubla jusqu'au fond de l'âme et qu'il chercha à s'expliquer vainement. Toutefois, son ignorance dura peu. Madame Marsolier, conséquente avec ses principes, n'ayant point voulu empêcher sa fille d'assister à une réunion où le chevalier devait se trouver, M. d'Hénin, qui en faisait partie lui-même, vit Arthur et Blanche l'un près de l'autre, et sut bientôt que le mot fatal de l'énigme qu'il cherchait était *amour*. Les jours suivants, les occasions s'en étant représentées, il les examina plus attentivement, et ne pouvant plus douter, il alla trouver madame de la Hautière et lui dit :

— La crainte de m'affliger vous a portée à me cacher une chose que m'ont révélée mes yeux. Blanche aime le chevalier de Bellingua, elle en est aimée ; je me fais justice : sous beaucoup de rapports ce jeune cavalier lui convient mieux que moi ; sans doute il n'est pas dans ma destinée d'être aimé jamais, autant du moins que je puis aimer moi-même. Mais je vous confesse ici toute ma faiblesse, j'ai sondé mon cœur ; vivre loin de Blanche m'est impossible désormais. De quelque nature que soit l'affection qu'elle me pourra accorder, je suis résolu à m'en contenter, et viens vous prier de m'en obtenir non plus de partager son sort, mais seulement d'assister à son existence... Je l'aime de telle sorte et à ce point, que je vivrai de sa vie et serai heureux de son bonheur ; bien des gens, je le sais, diront que ce n'est pas là de l'amour ; soit ; mais alors c'est davantage ; quelque chose de plus pur, de supérieur, qui lui est incomparablement préférable. Si elle a des fils, je consacrerai le reste de mes jours à les élever, je mettrai ma gloire à en faire des hommes de bien ; voilà à quoi aujourd'hui je restreins toute mon ambition. J'ai beaucoup souffert depuis que je suis revenu,

et moins peut-être de ce qu'elle a pris si promptement pour un autre des sentiments que
j'aurais été si heureux de lui inspirer, que de
ce qu'elle a manqué de confiance en moi.
Quant à vous, madame, je ne vous enveloppe
pas dans la même accusation, ce secret n'é-
tait pas le vôtre; je vous remercie même
de l'intérêt que vous avez daigné me porter
dans cette circonstance, et que j'ai su lire en
vous. »

Ce discours soulagea singulièrement madame de la Hautière, et la résignation de
M. d'Hénin dessinant nettement la nouvelle
position de nos personnages, les mit tous trois
à l'aise vis-à vis les uns des autres. Je dis tous
trois, vu qu'Arthur ignorait complétement
que Ferdinand eût jamais pensé à Blanche,
que son caractère était peu propre à le lui
faire soupçonner, et que ce ne fut que beaucoup plus tard qu'il l'apprit. Pour le présent,
tout entier à l'enivrement de sa passion, il
était si loin de se figurer un rival dans cet
homme simple et modeste qui se tenait con-

tinuellement à l'écart, et prenait autant de soin pour ne pas fixer l'attention que la plupart en mettent à l'attirer ; que ce fut lui qu'il chargea de demander Blanche à sa mère, avouant qu'il ne l'osait faire lui-même ; vu que ses parents avaient jusque-là refusé leur consentement, dont, ajouta-t-il, il était au reste décidé à se passer.

M. d'Hénin accepta la commission ; et madame de la Hautière ayant répondu que sa fille n'épouserait le chevalier que de l'aveu du duc et de la duchesse ; mais qu'elle consentait à attendre ; tous quatre, satisfaits de se voir souvent, se mirent à vivre, comme on dit, au jour le jour, et chacun sur une pensée différente.

Le chevalier espérait qu'il amènerait ces dames à se passer de l'approbation des siens ; Blanche, qu'ils finiraient par la donner ; M. d'Hénin, qu'il arriverait en effet au point où il avait dit être déjà parvenu ; et madame de la Hautière, que la Providence arrangerait mieux les choses qu'elle ne pouvait le prévoir.

Cependant, à cette époque, quelques changements eurent lieu dans la façon de vivre des dames Marsolier; elles allèrent plus fréquemment dans le monde, reçurent davantage. Blanche, surtout, modifia presque à son insu une grande partie de ses habitudes. Les sciences furent un peu négligées, les talents plus cultivés. Arthur avait peu des préjugés de ses ancêtres; à ses yeux, ce n'était pas déroger que de s'adonner aux arts; lui-même avait des notions de beaucoup, et il y en avait qui lui étaient familiers. C'était un peintre de genre fort distingué, qui eût pu même lutter, sans trop de désavantage, avec certains maîtres de ce temps. Moins grand musicien, on sait pourtant qu'il jouait agréablement de la flûte, et s'accompagnait de la guitare; mais ce qui lui valait dans les salons de véritables triomphes, c'était une voix de contralto d'une justesse et d'une pureté merveilleuse, et une facilité qui lui permettait de faire en toute occasion les plus galants impromptus : plaintives ballades, ingénieux sonnets, tendres madrigaux. Quant à la danse, il était, plus que personne, taillé pour y réussir , et, comme alors les hommes s'en donnaient la peine, il y avait les succès les plus éclatants.

Jusque là Blanche n'avait attaché à ces talents qu'une importance secondaire ; et, quoiqu'elle fût douée d'aptitude à presque tous, les dispositions qu'elle y avait sommeillaient en elle, ou du moins n'y étaient éveillées qu'à demi : d'un regard jaillit l'étincelle qui dans son âme alluma le feu sacré. Entraînée par un sentiment nouveau, elle les étudia dès lors avec l'ardeur qu'elle avait mise à acquérir de plus sérieuses connaissances, prit en secret des leçons de paysage, consacra à sa harpe trois heures par jour, et fit des progrès rapides.

Cette organisation complexe était un de ces sols favorisés qui rapportent abondamment tout ce qu'on y sème, ne se reposent d'une production que par une autre, et ne demeurent en réalité jamais en jachère.

Sa voix aussi s'étendit, se développa ; elle eut des accents plus doux et plus pénétrants, et acquit une puissance singulière. Enfin, dans cette phase nouvelle de son existence, Phébus (ainsi on eût dit alors) eut pour elle de plus aimables sourires, et de touchantes élégies; de gracieuses épîtres tombèrent souvent de sa plume.

Il est vrai que de jour en jour elle restreignit davantage le temps qu'elle donnait à de plus graves études, et que les leçons d'histoire générale, d'astronomie, et même de botanique qu'elle recevait de M. d'Hénin furent peu à peu supprimées. Ce ne fut pas sans peine que celui-ci vit les nouvelles tendances de son élève. Ne l'éloignaient-elles pas de lui doublement? physiquement, en lui dérobant une partie du temps qu'il passait dans sa société; moralement, en lui découvrant des mondes enchantés où il ne pouvait la suivre.

Les connaissances qu'il possédait en peinture se bornaient à dessiner la tête assez proprement; celles qu'il avait en musique, à jouer juste quelques contredanses sur le violon; il n'avait point de voix, ne dansait pas, n'avait jamais fait un hémistiche de sa vie : bien mieux, ayant alors pour la première fois es-

sayé de faire quelques vers, après s'être tor-
turé trois jours le cerveau, les malheureux
fruits d'un si pénible enfantement se trouvèrent tellement inférieurs aux deux si célèbres
que chacun sait :

Il fait en ce beau jour le plus beau temps du monde
Pour aller à cheval sur la terre et sur sur l'onde,

que ceux-ci eussent en conscience, été un
chef-d'œuvre, au prix ; aussi, le père de ces
infortunés enfants vit-il bien que ce qu'il avait
de mieux à faire était de les supprimer, et en
vrai sage qu'il était, il livra héroïquement aux
flammes cette laborieuse élucubration. Avant
de connaître le chevalier, Blanche n'avait ja—
mais réfléchi au plus ou moins de facilité que
M. d'Hénin pouvait avoir pour les arts : à
compter de ce jour, elle y pensa, et sous ce
rapport, le compara à Arthur. Est-il besoin
que je dise à qui demeura l'avantage dans ce
parallèle ? il y eut une chose, une seule pourtant, en quoi mademoiselle de la Hautière ne
changea rien à ses usages journaliers ; le temps
consacré au malheur fut respecté, elle n'em-

piéta jamais dessus, et même au plus fort de
sa passion pour Arthur, celle de la charité
resta debout dans son âme et y domina l'autre de sa hauteur ; seulement il s'y glissa cette
illusion qui, si elle parlait de certaines choses
à M. d'Hénin et s'en taisait avec M. de Bellingua, le motif en était uniquement cette pieuse
délicatesse qui oblige le chrétien à cacher à la
main gauche le bien que fait la droite, et elle ne
voulut jamais s'avouer que la crainte de n'être
pas comprise du second comme elle l'aurait désiré, entrait pour beaucoup dans sa discrétion.

Monsieur d'Hénin continua donc à être le
seul confident de ses bienfaits, l'âme de ces
conspirations qu'elle et sa mère ourdissaient
contre l'infortune. D'ailleurs elle l'avait pris
au mot sur ce rôle d'ami dans lequel il s'était
engagé à se renfermer, et quoi qu'elle sentît
pour un autre de plus vif, sa présence lui était
restée si nécessaire que si elle en avait été privée, son bonheur n'aurait pas été complet.

Mademoiselle Marsolier n'était pas coquette ;
elle n'avait que de l'amitié pour M. d'Hénin,

et ne souhaitait pas qu'il eût autre chose pour
elle; d'où vient donc que si, dans le moment,
elle avait jeté la sonde au plus profond de son
cœur, elle y aurait trouvé le désir qu'il restât
célibataire? N'est-ce pas pécher contre la justice que de vouloir faire l'unique et entière
occupation d'un cœur auquel on ne peut donner du sien qu'une faible part? O Blanche!
l'égoïsme est-il donc entré avec l'amour dans
le vôtre? Ou n'est-ce pas plutôt que vous sentez, sans oser en convenir avec vous-même,
que M. de Bellingua n'est pas l'homme en qui
vous pouvez trouver l'ami, l'amant et l'époux?

Mais laissons là nos réflexions psychologiques
et transportons-nous quatre ans plus loin. Ce
laps de temps n'a pas apporté de bien notables
changements à la situation de nos principaux
héros. Il ne leur est survenu dans l'intervalle
aucun événement majeur, et bref, nous les re-
trouvons tels à peu près que nous les avons
laissés.

Cependant, il est arrivé ce qui, dans une
ville de province, arrive toujours en de pa-

reilles occurrences, l'inclination réciproque d'Arthur et de Blanche a cessé d'être un mystère pour le public, et la résistance du duc et de la duchesse, vue différemment par les uns et par les autres, défraie souvent la conversation des oisifs. Toutefois, la constance de nos amants a conquis de nombreuses sympathies, et à l'époque où nous sommes parvenus, elle a remporté une victoire assez importante.

La duchesse s'est laissée toucher enfin ; elle a donné son consentement, et dès lors, on a pu raisonnablement se flatter que celui du duc le suivrait de près. Mais tout au contraire, il s'est montré irrité au dernier point de ce qu'il appelle la faiblesse de sa femme, et a juré qu'il ne l'imiterait jamais, en sorte que cette circonstance n'a servi qu'à mettre son obstination plus en relief.

Blanche sentit pâlir son espoir, faiblir son courage. La réaction qui se fit en elle, jointe à la violence qu'elle s'imposa pour concentrer sa douleur, afin de ne pas affliger ceux qui l'entouraient, prit tellement sur sa santé, que bientôt elle dépérit visiblement. Madame de la Hautière s'en inquiéta, et se persuadant que des distractions pourraient lui être avantageuses, la conduisit à Paris. Elles y descendirent chez une cousine de madame Marsolier, la comtesse de Bois-Joly. Cette dame, qui, par sa naissance, était admise dans le plus grand monde, s'empressa de les produire, et se fit un plaisir de leur montrer tout ce que la ville où elles se trouvaient offrait à cette époque de plus remarquable.

Blanche avait atteint vingt-deux ans, et si son esprit eût été dans une assiette plus tranquille, elle eût pu jouir complétement de ce voyage; mais, absorbée par ses inquiétudes et ses ennuis, à peine fit-elle quelques rares observations sur ce qui lui parut le plus opposé aux idées qu'elle s'était faites de la capitale, et ce ne fut que par pure condescendance qu'elle se laissa conduire à quelques unes des fêtes qui eurent lieu alors.

De ce nombre fut un bal de cour très-brillant, où sa parente tint absolument à la mener.

Toute sa parure s'y composa d'une robe de gaze blanche sans ornement, d'une rose blanche dans ses cheveux noirs, sans poudre (bien qu'elle fût alors d'un usage général), et d'une à la main; aucun bijou. Il est impossible de dire quelle sensation elle produisit. Encore aujourd'hui, cette figure idéale frapperait sans doute d'étonnement et d'admiration; mais à une époque où les toilettes étaient si prétentieuses et si bizarres, où l'on mettait de la poudre en abondance, du rouge en quantité, des mouches à profusion, cette beauté noble, ce costume simple, excitèrent un enthousiasme universel. Blanche le vit, elle en rougit de pudeur et de modestie, et cette rougeur, en donnant à sa beauté un caractère différent, causa une admiration nouvelle. Ainsi, sans l'avoir cherché en rien, sans y avoir pensé même, ce fut en quelque façon la reine du bal, et la manière dont elle reçut les hommages qu'on lui offrait à l'envi, dont elle répondit aux louanges qu'on lui adressait de toutes parts, acheva de lui concilier tous les suffrages. Les princes eux-mêmes s'informèrent qui était cette charmante inconnue, dansèrent avec elle et lui firent mille compliments délicats.

Le duc de Bellingua, qui était venu solliciter quelque faveur de la cour, seul de sa famille, était à Paris et se trouvait à ce bal.

Il s'enivra tout à coup de l'encens qu'on brûlait aux pieds de Blanche. C'était un de ces hommes cent ans plus tôt burinés par La Bruyère, qui, pour s'apercevoir du mérite des gens, ont besoin que quelques grands personnages les en avise.

Pour la première fois, il vit que Blanche était belle.

Pour la première fois, il lui trouva de l'esprit.

Pour la première fois, il pensa que sa possession pouvait être désirable.

Mais, après que les princes eurent hautement exprimé leur opinion sur son compte, il n'en douta plus.

Ce qu'en près de quatre ans n'avaient pu faire l'amour paternel et conjugal, une des va-

riétés de la vanité le fit dans une heure. Avoir
pour bru une personne à laquelle de grands
seigneurs avaient donné publiquement de pa-
reilles marques d'admiration, que l'héritier
du trône lui-même avait remarquée, lui parut
un insigne honneur.

Ce changement de disposition l'avait tout
d'abord porté à se rapprocher de ces dames
et à les saluer. Ensuite, il s'était avancé jusqu'à leur faire quelques autres politesses;
mais, vers la fin de la soirée, il se montra
plus empressé de beaucoup; ce fut leur chevalier le plus galant, et il n'y eut sorte d'attention qu'il n'eût pour elles, de soins qu'il
ne leur rendît.

Toutes deux en tirèrent la même conclu-
sion; aussi le lendemain ne furent-elles que
médiocrement surprises, quand à leur lever
on leur remit un message de sa part.

Elles se lancèrent une malicieuse œillade,
échangèrent un narquois sourire, et Blanche,
étant venue s'appuyer sur l'épaule de sa mère,
celle-ci lut, tandis que celle-là suivait du re-

gard. Mais elles n'avaient pas achevé, que la lettre était tombée de leurs mains.

Elles venaient de lire ce que voici :

« Madame,

« Regardez-moi, je vous en conjure, comme un aveugle dont les yeux, longtemps fermés, se sont à la fin ouverts. Permettez que votre fille devienne la mienne. C'est à genoux que je vous demande sa main pour mon fils.

« Mais, madame, une beauté si accomplie, un mérite si rare, ne doivent être ni enfouis, ni végéter.

« Blanche est une déesse à laquelle il faut le piédestal de la fortune. Je voudrais que le comte Théodore en eût une plus brillante à mettre à ses pieds.

« Je suis aux vôtres, madame, pour vous remercier de tout le bonheur que nous allons vous devoir.

Duc de Bellingua. »

J'ai rapporté ce billet dans son entier; mais, je le répète, ces dames ne purent aller jusqu'au bout. Au nom du comte Théodore elles furent saisies d'une telle stupéfaction, qu'il leur fut impossible d'en lire davantage, et Blanche, emportée par l'indignation, saisit une plume et traça ces lignes :

« Monsieur le Duc,

« Les sentiments de monsieur le chevalier votre fils pour moi, et les miens pour lui, étant bien connus de vous et de toute la ville de N., je ne puis regarder votre proposition que comme un outrage, et je serais désespérée que la moindre parcelle de temps s'écoulât entre votre inconcevable demande et mon refus le plus formel.

« Je suis, monsieur le duc, avec le respect dû à votre âge et à votre rang,

« Votre servante,

« R. Blanche de la Hautière. »

A ceux qui trouveront peu convenable que Blanche ait répondu elle-même, surtout en termes si peu mesurés, et plus étonnant encore peut-être que madame Marsolier ne s'y soit pas opposée, je ferai observer, à l'égard de la première, qu'elle n'avait plus ni quinze ni dix-huit ans; que la fierté, l'élévation des sentiments formaient le fond de son caractère, et que, par conséquent, c'était lui faire l'offense la plus sensible, la blesser en ce qu'elle avait de plus irritable, que de lui en supposer de si bas; à l'égard de la seconde, un mot suffit à sa justification : elle avait été pétrifiée, c'est le mot propre, le seul qui exprime ce que lui fit éprouver la lettre du duc, et la réponse fut écrite et envoyée avant qu'elle eût repris l'usage de ses facultés.

Mais en admettant que Blanche ait commis une inconvenance, une ombre de faute, elle n'en fut que trop punie. Le duc, exaspéré par son billet, écrivit sur-le-champ au chevalier pour lui défendre de venir désormais passer les vacances. Personne ne put lui faire révoquer cet ordre l'année suivante, et il était impossible de prévoir quel terme il mettrait à l'exil du pauvre Arthur, quand un événement inopiné arrivé pendant les préliminaires de la paix vint changer subitement la face des choses et le lui fit rappeler.

Le 16 août 1783, treize jours seulement avant la pacification générale, le comte Théodore fut tué d'un boulet dans une escarmouche de peu d'importance, et ce malheur dont le duc fut inconsolable et qui le conduisit lui-même au tombeau en peu de mois, eut pour second résultat que non-seulement il rouvrit ses bras à son plus jeune fils, mais encore qu'il lui permit, avant de mourir, d'épouser la femme sans laquelle il n'était point pour lui de félicité.

Ainsi après cinq ans d'inquiétude, d'attente presque sans espoir, Blanche vit tous les obstacles levés, et se trouva la fiancée d'un homme riche et chargé de dignités qu'elle avait aimé sans biens et sans titres.

Tout donc semblait conspirer pour son

bonheur ; mais le bonheur n'est pas fait pour l'homme ici-bas, et à peine l'entrevoit-il quelques instants que la peine, son impitoyable créancière , vient frapper à sa porte rudement.

Le procès que M. d'Hénin soutenait depuis si longtemps, et qui avait été jugé diversement par plusieurs juridictions , le fut enfin contre lui en dernier ressort , et la perte de cette affaire, tant en elle-même, car elle était de conséquence, que par les frais qu'elle occasionna et qui furent considérables, ruina aux trois quarts cet honnête homme Blanche lui était trop sincèrement attachée pour ne pas s'en affliger vivement. Mais madame Marsolier en eut encore plus de chagrin s'il se peut. Ce qui est au moins certain, c'est qu'elle prit la chose infiniment plus à cœur que celui qu'elle regardait directement, et s'en affecta davantage. Aussi, sa santé déjà affaiblie et dont on ne pouvait espérer le raffermissement qu'à l'aide du calme le plus complet, succomba-t-elle sous ces deux chocs de nature si différente reçus dans un si court intervalle.

Cependant, après trois mois de crainte et d'espoir pendant lesquels tout ce qui l'aimait (c'était tout ce qui la connaissait) eut à trembler pour ses jours, elle parut se rétablir et voulut qu'on hâtât les préparatifs d'un mariage que déjà elle avait le pressentiment de ne pas voir célébrer.

A l'occasion de sa convalescence, une de ses amies donna une collation. Toute la journée elle avait pensé être en état d'y assister; mais le soir venu cela lui fut impossible, et comme elle sentait le déplaisir qu'en aurait la société, elle voulut que sa fille du moins s'y rendît.

Blanche revint de bonne heure ; elle alla tout de suite s'informer comment sa mère se trouvait, et dès que cette dernière l'eut aperçue, elle connut à son visage qu'elle avait eu quelque contrariété à la réunion, et lui demanda ce qui s'y était passé.

—Voilà ce que c'est, chèremère, dit-elle, je

suis, je le sens, trop impressionnable et trop vive ; une discussion s'est élevée, et bien que je sois persuadée d'avoir eu raison au fond, je crains maintenant d'avoir eu tort dans la forme ; oui, à présent que je suis près de vous, que l'air m'a un peu calmée, et que j'ai eu mieux le temps de réfléchir, il me semble que j'aurais dû prendre un ton moins tranchant avec des personnes plus âgées que moi, mariées pour la plupart, et dont un assez grand nombre sont d'un rang plus élevé que le mien ; mais aussi n'est-il pas vraiment cruel d'avoir raison et de voir tout le monde contre soi ?

— Mais enfin de quoi s'agit-il ? dit madame Marsolier.

— On venait, répondit Blanche, de faire collation, et l'on s'étonnait de ne pas voir paraître M. Lermine, qui devait faire sa partie dans un quatuor, et dont l'absence prolongée désobligeait la maîtresse de la maison, quand enfin un domestique l'a annoncé.

Il s'est excusé d'arriver si tard et a raconté qu'il venait d'assister à un duel entre MM. de

Tarbonnes et de Sortès, où il avait figuré comme témoin du premier, et dans lequel les deux combattants s'étaient mutuellement blessés, mais fort légèrement ; à quoi il a ajouté que M. de Tarbonnes s'était comporté d'une façon admirable, qui lui en faisait faire encore plus de cas, et devait l'élever dans l'estime générale.

Chacun parut se ranger à cette opinion.

— N'est-ce pas, dit une jeune femme, le prétendu de mademoiselle de Mirebelle ?

— Oui, a répondu quelqu'un.

— Alors, a repris cette dame, voilà qui doit la rendre fière de son amant, et augmenter singulièrement son amour.

— J'avais déjà, continua Blanche encore émue, écouté avec chagrin M. de Lermine ; mais du moins je cherchais à l'excuser sur l'amitié qu'il portait à l'un des champions, et le danger que celui-ci venait de courir. L'air approbatif de la société ne m'avait pas non plus échappé, et j'en gémissais en silence ; mais en entendant les dernières paroles que j'ai rap-

portées, je n'ai pu me contenir davantage :
quoi ! madame, me suis-je écriée, est-il possible qu'une action que la religion défend, que
l'humanité condamne, et que la raison désap-
prouve, vous semble devoir attirer plus de
considération sur celui qui s'en est rendu coupable ? est-il possible surtout de s'imaginer
qu'une femme y trouve un aliment à sa tendresse ?

— Assurément, a aussitôt repris l'inconnue
d'un ton non moins vif que le mien ; et je suis
persuadée que toute la compagnie est de mon
avis. — Là-dessus, ses yeux interrogatifs ont
fait le tour du cercle, et à mesure qu'ils s'a-
dressaient à chacun, chacun exprimait sa pensée en termes plus ou moins vagues, plus ou
moins formels. Quant à moi, le cœur me battait ; mon sang y affluait, brûlant comme s'il
se fût agi d'une chose qui m'eût regardée,
et il se serrait à m'étouffer chaque fois
qu'une personne se posait nettement en
apologiste du duel. Toutefois, le plus grand
nombre y mit une certaine retenue et

entoura son adhésion de diverses restrictions :
La discussion en fût donc demeurée là ; mais
M. de Lermine, qui tenait à faire déclarer son
ami le modèle des preux, se levant tout à coup,
vint à moi et me dit :

« Je suis persuadé, mademoiselle, que vous-
même, ainsi que toute la compagnie, si vous
saviez pour quel motif s'est battu M. de Tarbonnes, vous l'en aimeriez, admireriez et
estimeriez davantage.

— Il n'en est aucun, monsieur, ai-je répondu, qui puisse avoir sur moi l'effet que
vous dites.

— Mais c'est de l'entêtement que cela.

— C'est de la conviction.

— Quoi, si l'on suspecte ma probité?

— Non.

— Si l'on me donne un soufflet?

— Non.

— Si l'on me traite de lâche?

— Non.

— Et si l'on attaque la réputation de ma
mère ?

— Non.

— En vérité, chère maman, continua Blanche, après avoir porté à ses lèvres la main de sa mère qu'elle baisa avec une extrême tendresse, je crois que ce non tomba moins ferme de ma bouche ; mais il en tomba cependant intelligible. Or, on nous entourait ; on faisait même silence pour nous écouter, et au moment où je l'ai prononcé, une foule de voix l'ont couvert d'un murmure improbateur, et M. de Lermine, triomphant, s'est écrié :

— Eh bien ! messieurs et mesdames, c'est précisément pour des propos contre la réputation de sa mère que s'est battu M. de Tarbonnes ; offensé, il avait le choix des armes et a pris l'épée, parce qu'il sait qu'au pistolet il eût infailliblement tué son adversaire ; enfin, avant comme pendant la rencontre, il s'est conduit d'une façon irréprochable ; que dis-je? de la façon la plus noble et même la plus généreuse. Je le répète, il a grandi aujourd'hui dans mon opinion et dans celle publique. Oui, a-t-il ajouté en terminant cette espèce d'apothéose, il s'est acquis d'incontestables droits à la reconnaissance des mères, à l'admiration des filles, et sa fiancée doit, en effet, être fière de lui et glorieuse de son amour. Je vais plus loin, il n'y a pas à sa place une demoiselle qui ne le fût.

C'était à moi que s'adressaient ces derniers mots ; mais de crainte sans doute que je ne le comprisse pas assez, il s'est tourné de mon côté et a dirigé sur moi ses regards.

Je me suis levée à mon tour, et ramassant le gant qui m'était jeté : Monsieur, ai-je dit, si peu que je sois, je fais partie de ce sexe que vous venez de calomnier, et je me hâte de m'inscrire en faux contre tout ce que vous avez dit, mais surtout contre votre dernière assertion, et vous déclare que loin de me trouver heureuse et fière si j'étais Mlle de Mirebelle, je serais au contraire chagrine et humiliée, que si je ne me sentais pas le courage de refuser la main de M. de Tarbonnes, je gémirais du moins amèrement et que je n'aurais pas assez de larmes à offrir au Ciel pour le prier de lui pardonner cette violation de sa loi première, ce crime de lèse-charité. Je déclare cependant en même temps que si quelque chose peut ex-cuser votre ami à mes regards, c'est en effet le motif de la rencontre. Je l'excuse donc et plains mademoiselle de Mirebelle; mais je le répète aussi, moi, et l'atteste ici la main sur mon cœur et devant Dieu, je ne puis ni admi-rer l'un ni envier l'autre.

Cela dit, j'ai salué et me suis retirée, laissant la société confondue sans doute d'une telle vivacité. Mais rendue dans l'antichambre il m'a pris une sorte de défaillance, et je me suis laissée tomber sur un siége d'où j'ai entendu que la discussion continuait. Quoique je ne distinguasse pas toutes les paroles, j'ai com-pris que presque tout le monde me donnait tort ; mais avec cette différence que les uns m'accusaient d'exagérer mes sentiments, tan-dis que les autres soutenaient que j'étais de bonne foi. Alors une voix s'est élevée, que j'ai reconnue pour être celle de M. de Gérancy. Cet homme grave et triste, qui a l'air si comme il faut, et n'habite ici que depuis cinq ou six mois.

— « Il est possible, a-t-il dit, que mademoi-
« selle de la Hautière ait soutenu son opinion
« avec trop de feu ; mais il n'en est pas moins
« vrai que si beaucoup de femmes pensaient
« comme elle, et que si surtout elles confor-
« maient leur manière d'agir à leur façon de
« penser, le duel serait bientôt aboli.

« On l'a dit avec raison, les femmes font les
« mœurs, et leur régénération nous viendra
« d'elles quand elles sauront le vouloir. Pour
« moi, a-t-il ajouté, d'une voix toujours vi-
« brante, mais pleine de sanglots, si la femme
« que j'ai le plus aimée eût été de ce carac-
« tère, je n'aurais probablement pas aujour-
« d'hui la mort de l'un de mes semblables à
« me reprocher. » En cet instant un bruit de
pas, vers la porte du salon qui donnait dans
la pièce où j'étais, s'est fait entendre, et tremblant d'être trouvée là, et que l'on pût supposer que je m'y étais arrêtée à dessein pour
écouter, j'ai fait un effort et d'un bond je me

suis trouvée dans la rue où bientôt m'a rejointe Joseph qui me cherchait.

Ici Blanche pressa de nouveau la main de sa mère, et levant les yeux qu'elle avait tenus constamment baissés pendant tout le cours de son récit, chercha à lire dans les siens le blâme ou l'approbation ; une pâleur extrême couvrait les traits de madame Marsolier. Grand Dieu ! chère mère, qu'avez-vous s'écria-t-elle ; mais celle à qui s'adressait cette exclamation n'y put répondre, car bien qu'elle ne fût pas évanouie ses lèvres étaient incapables d'articuler.

Blanche, dont ce silence augmentait l'effroi, tira la sonnette avec violence, et Marianne étant accourue, s'unit à elle pour prodiguer à la malade des soins qui ne parvinrent à la ranimer qu'après un temps assez long. Dès qu'elle fut mieux, elle voulut demeurer seule et quelque insistance que mît sa fille ainsi que sa domestique à la veiller tout le reste de la nuit, elle-même en mit tant de son côté à les envoyer prendre du repos que toutes deux furent contraintes de lui obéir.

Le lendemain, la situation de madame de la Hautière se trouva meilleure , et telle à peu près qu'avant ce dernier accident ; aussi Blanche qui craignait sans savoir pourquoi d'avoir contribué par ses discours à la crise qui l'avait tant alarmée, n'eut garde de ramener la conversation sur le même sujet, et évita de rappeler à sa mère, qui du reste paraissait l'avoir complétement oublié, l'état dont elle sortait et les inquiétudes qu'elle venait de lui causer.

Cette rechute n'eut donc heureusement pas les suites qu'on avait appréhendées ; le temps et les soins triomphèrent du mal, et, la belle saison étant venue en aide à son tour, à la fin de mai, madame Marsolier fut à peu près rétablie, et le mariage de Blanche fixé au 18 juillet suivant. Cette dernière, devant aussitôt après faire une tournée dans la famille de son mari, avait tenu à ce que la guérison de sa mère fût parfaite avant qu'elle s'en séparât. Les médecins avaient assuré que six semaines étaient plus que suffisantes, et qu'au bout de ce temps la cure serait radicale.

Les prévisions de la science se réalisèrent ; madame Marsolier, en effet, reprit sa première santé, et même elle retrouva dans cet intervalle un embonpoint, des forces et une fraîcheur qu'elle ne connaissait plus depuis longtemps, et dont l'heureuse Blanche suivait les progrès avec une indicible satisfaction.

Il faut avoir tremblé soi - même, de voir se rompre en ses mains le fil à demi rompu d'une existence cent fois plus chère que la sienne, pour bien sentir tout le bonheur qu'elle en eut.

Hélas ! notre vie est faite ainsi, nos peines et nos joies s'engendrent les unes des autres, et le plus souvent, ce sont les premières qui font savourer les secondes.

Dans les derniers jours de juin, les deux familles, qui maintenant vivaient dans une certaine intimité, firent ensemble une partie de campagne, à laquelle chacune invita quelques amis.

La joyeuse petite troupe, forte d'une ving-
taine d'individus environ, se mit en marche,
au point du jour, par une de ces matinées
comme il n'y en a pas trente chaque été. Le
lieu dont on avait fait choix pour cette excur-
sion est l'un des plus pittoresques du pays, et
mériterait certainement d'être décrit par une
autre plume que la mienne. On l'appelle *la
chaire à Moïse*, nom remarquable, et qui lui
convient parfaitement.

C'est un site, et non pas un point de vue.
L'horizon y est même assez borné. Mais ce
site est ravissant. La nature y est sauvage,
abrupte, luxueuse et admirable à ce point;
que, bien qu'on soit à la porte de deux villes,
on se croit transporté au bout du monde,
dans quelqu'une de ces contrées inconnues,
de ces forêts vierges que jamais encore n'ont
foulées des pieds humains.

Si ancienne et si vaste qu'elle puisse être,
il n'est point de basilique qui soit capable de
faire éprouver le sentiment religieux avec tant
d'intensité ni de profondeur. Il n'existe pas de

chaire d'où la vérité puisse jaillir plus imposante que de celle que, là, Dieu lui-même tailla dans le roc, jeta sur l'abîme, et dont il voulut que les cieux fussent le dais.

Aussi je ne m'étonne point si, à l'aspect de cette tribune étrange, le paysan de ces contrées (ensemble si poétique et si enthousiaste), saisi à la fois de terreur et de respect, ait pensé que la grande voix de Moïse était la seule qui fût digne d'y retentir.

Les yeux longtemps attachés à ce tableau, nos voyageurs eux-mêmes, frappés d'étonnement et d'admiration, demeurèrent immobiles et en extase. Tous gardaient le silence, et ce ne fut que quelques moments après que chacun d'eux exhala ses émotions.

Nul n'en éprouvait de plus vives que mademoiselle de la Hautière, dont le premier mouvement avait été de se jeter à genoux et d'adorer Dieu, du second elle porta la vue sur Arthur et Ferdinand.

Le premier tenait déjà ses crayons, l'inspiration faisait briller ses regards ; le second était appuyé au tronc d'un vieux pin, et absorbé dans une contemplation plus intime et d'un ordre différent.

Blanche le comprit ; elle sentit qu'en cet instant l'un voyait des yeux de l'esprit et l'autre de ceux du cœur.

Ne voulant déranger aucun des deux, elle alla s'asseoir à quelque distance, et après y avoir rêvé elle-même quelques instants en liberté, elle se mit à herboriser, et chacun se dispersa et fit ce qui lui était le plus agréable.

L'heure du dîner rassembla les promeneurs. Tous avaient un appétit aiguisé par la marche et le grand air ; mais c'était cependant, à ce qu'il paraît, un besoin pour eux plus pressant encore de se communiquer les impressions que leur causaient ces beaux lieux, car ce fut par là qu'ils commencèrent et ils furent unanimes à convenir que sans le penchant bizarre qui nous porte à trouver plus beau et plus extraordinaire ce qui est loin de nous, le paysage qu'ils avaient sous les yeux en ce moment serait assurément l'un des plus .renommés.

On avait apporté quelques provisions ; elles furent bientôt étalées sur la pelouse.

C'était un pâté, quelques volailles froides, des œufs durs, de la salade et des chevrettes, mets favori de madame de la Hautière, et qui, pour la saison, était une manière de primeur ; à cela on joignit des cerises et du caillé qu'on se procura dans une métairie des environs, et des mûres qu'on cueillit autour de soi.

Après le repas, chacun voulut aider Blanche à rassembler les plantes qu'elle avait recueillies et à en faire une sorte de triage. Au nombre de celles rejetées comme trop communes, se trouvaient quelques marguerites, et les jeunes personnes présentes se mirent à les effeuiller en prononçant la phrase consacrée; non pourtant celle ordinaire : *Je vous aime un peu, beaucoup, passionnément, point du tout*. Mais cette autre, qu'on lui a substituée dans le pays : *Fille, femme, veuve, religieuse.* Les paquerettes ayant manqué avant que Blanche eût consulté l'oracle champêtre, et si futile que soit cet amusement , ses compagnes insistant pour qu'elle y prît part, quelques jeunes gens se mirent en quête d'autres de ces fleurs. Ils n'en trouvèrent qu'une, et même assez loin, ce qui fit qu'on les attendit un peu de temps. Blanche la prit avec une répugnance dont elle n'eût pu se rendre compte, et quand elle commença à l'effeuiller, il se fit un silence qui la troubla, en donnant je ne sais quelle solennité [à ce badinage, à quoi, ajouta encore peut-être la lenteur avec laquelle elle tira chaque pétale. *Fille* , dit-elle enfin, et ses doigts crurent arracher le dernier ; mais on s'aperçut qu'elle en avait pris deux à la fois, et on lui dit qu'il fallait recommencer. Soit, dit-elle, si vous me trouvez d'autres marguerites. Alors chacune alla de nouveau à la découverte. Mais en vain explora-t-on minutieusement l'endroit et les environs, il fut impossible d'en rencontrer ; force fut de s'en passer, et en revenant, tout le monde plaisanta Blanche là-dessus, et lui dit qu'elle était sans doute destinée à être fille et femme tout à la fois.

Cependant le jour s'avançait, et bientôt il fallut songer au retour. Par mesure de précaution, on avait fait venir des voitures au bourg le plus proche ; mais personne n'étant fatigué, chacun préféra revenir pédestrement.

On allait, suivant ces petits sentiers couverts, si charmants dans le bocage, où l'on ne peut cheminer que deux à deux et quelquefois seul à seul, où l'on a de chaque côté des buissons en fleur, sur la tête des arceaux de verdure, et sous ses pieds la fine mousse et le vert gazon.

Tantôt la petite caravane se trouvait dans un champ d'orge ou de froment, qui étalait orgueilleusement aux regards ses épis à demi mûrs ; tantôt dans une vigne, dont les rameaux entravaient sa marche ; quelquefois, franchissant un échalier, elle entrait dans un terrain plein de genêts et d'ajoncs aux fleurs dorées, où butinaient encore çà et là quelques abeilles retardataires, et dont les feuilles épineuses menaçaient les robes légères des jeunes filles, qui les abordaient de trop près.

De temps en temps aussi quelque prairie se trouvait sur son chemin : l'une déjà fauchée, où se voyaient de si beaux meulons de foin qu'ils donnaient envie à escalader ; l'autre, encore debout, et sur les fleurs de laquelle dormaient une foule d'argus, de scarabées et de libellules, que le vent léger du soir berçait mollement, tandis que les crépusculaires commençaient à s'éveiller, que le timide grillon chantait sous l'herbe, et que, plus hardie, la reinette, à la faveur de sa robe d'émeraude, bravait des yeux de quinze ans.

La lune était levée déjà ; le soleil n'était pas couché encore.

L'une, pressée d'éclairer cette scène délicieuse, s'était hâtée de paraître ; l'autre, ne la quittant qu'avec regret, avait différé son départ.

En sorte qu'on voyait en même temps flotter sur les arbres la robe d'argent de la première et le manteau de pourpre du second.

La couleuvre et la vipère, seuls hôtes importuns et dangereux de ce beau pays, étaient à cette heure livrés au repos.

Tout était paix, charme et joie.

Jamais Blanche ne s'était trouvée si heureuse; jamais un jour ne lui avait paru si beau; jamais elle n'avait eu de si douces pensées. Elle se sentait dans une parfaite harmonie avec cette nature luxuriante et vigoureuse, avec la saison. Elle aussi était dans son mois de juin, elle venait d'accomplir ses vingt-trois ans. Son cœur débordait des sentiments les plus vifs et les plus tendres. Qu'elle jetât la vue autour d'elle ou la portât en avant, au propre comme au figuré, c'étaient des sites ravissants, des horizons enchanteurs.

De toute part, la brise embaumée lui apportait de suaves exhalaisons : l'odeur pure et fraîche du foin coupé, les doux parfums de l'hièble et du chèvre-feuille, les enivrantes senteurs du seringua et de la clématite odoriférante.

Et ces lieux si beaux, cet air parfumé, elle les voyait, elle le respirait près de ceux qui lui étaient le plus chers. Amour, amitié, tendresse, cordialité, bienveillance, voilà ce qui sortait de ces cœurs dont elle était entourée. C'étaient les douces émanations qui s'en échappaient et formaient à son âme une atmosphère non moins pure, non moins embaumée, et où elle nageait avec délices et dans toute son expansion.

Tel le cygne, par un temps serein, se joue sur les flots d'azur, s'y baigne tout entier et y plonge avec volupté et à mille reprises sa tête d'albâtre et son plumage argenté.

Telle Blanche, s'enivrant de bonheur, buvait à longs traits la coupe des félicités innocentes et marchait la tête haute dans la vie, dont ces jours et ces lieux lui semblaient l'image : un midi splendide, un soir délicieux ; un tapis de gazon parsemé de roses.

Souvent elle regardait sa mère ; elle se délectait à voir refleurir sur ce visage adoré les couleurs de la santé, auxquelles la marche, et le vent du soir qu'on avait en face, donnaient des teintes vives inaccoutumées, qui la lui faisaient trouver plus charmante encore. Aussi, par instant, cédant au désir de lui témoigner sa joie, elle la serrait dans ses bras, baisait son front ou ses yeux, et dévorait de ses lèvres les grenades que la brise avait peintes sur ses joues. « Chère maman, lui disait-elle, *je vous aime comme si vous étiez ma fille;* et vous êtes si belle ce soir, qu'il me semble que vous l'êtes en effet. »

A une demi-lieue de N... environ, messieurs d'Hénin et de Bellingua ayant trouvé des chevaux qu'ils s'étaient fait amener, prirent congé de la société, et partirent ensemble, devant suivre la même direction à peu près la moitié de leur chemin. C'était pour l'un une absence de vingt-quatre heures, pour l'autre une de trois jours.

Il s'agissait d'une affaire pour le premier, d'une chasse pour le second; et tous les deux, ayant voulu être à la partie de plaisir qu'on venait de faire, se voyaient dans l'obligation de voyager de nuit , pour se trouver à leurs rendez-vous respectifs.

Aussitôt arrivé en ville, on se sépara, et, dès que ces dames furent rentrées chez elles, Blanche embrassa de nouveau sa mère et se retira, pensant qu'elle devait avoir besoin de sommeil.

Pour elle, comme elle ne se sentait point envie de dormir, elle ouvrit la fenêtre de son cabinet , s'y accouda et y demeura près d'une heure , livrée à de délicieuses rêveries ; puis , regardant une dernière fois ce ciel si bleu , si pur et si étoilé , elle rendit grâce à Dieu de cette journée qui semblait lui en promettre tant de semblables. Comme elle allait fermer sa croisée, minuit sonna, et en l'entendant elle pensa que c'était depuis longtemps le premier jour qu'elle eût laissé écouler sans avoir été utile à personne , ou si l'on veut, qui ne resterait marqué dans sa vie par aucune bonne œuvre ; elle s'arrêta un moment à cette idée , et se rappuyant sur la balustre : — Mon Dieu, dit-elle, la félicité endurcirait-elle le cœur, et l'égoïsme en est-il le premier né ? A cette réflexion pénible son front se plissa légèrement, une larme perla au bord de ses cils ; et comme elle leva la vue, un petit nuage blanc s'avança sur le disque de la lune et en obscurcit quelques instants la clarté ; mais de même que ce ne fut qu'un moment et que l'haleine du zéphyr le chassa au loin, elle se dit que le lendemain elle ferait deux bonnes actions au lieu d'une, et reprit sa première sérénité. Alors, après avoir natté ses cheveux, achevé de se débarrasser de ses vêtements et passé un peignoir de mousseline, elle dit un dernier bonsoir à Phébé sa blanche sœur, et alla demander au sommeil un repos qu'il ne lui fit pas attendre longtemps.

Quand elle s'éveilla, il était quatre heures, et elle fut d'abord frappée de l'obscurité et du bruit de la pluie sur les carreaux de vitres de son cabinet de toilette. N'y pouvant croire, elle se mit sur son séant, prêta l'oreille, et s'en étant assurée, elle se leva, alluma un flambeau et courut à sa fenêtre pour en fermer les volets. Mais l'un résista à son effort, et l'autre, au contraire, revint sur elle avec tant d'impétuosité qu'il manqua de lui rompre le poignet. En même temps le vent s'engouffra dans l'appartement, la repoussa et éteignit la lumière. Le temps était épouvantable, la pluie tombait à torrents, il s'y mêlait des grêlons d'énorme grosseur. Les éclairs se succédaient presque sans aucune interruption, et les coups de tonnerre étaient si violents et les suivaient de si près, qu'il était évident que l'orage était on ne peut plus proche. Comme elle en faisait la réflexion, la nue se déchira de nouveau, l'éclair brilla, et la foudre éclatant vint tomber sur la cheminée la plus élevée de la maison vis-à-vis. Blanche n'avait pas peur du tonnerre, et même souvent il lui était arrivé de désirer le voir tomber ; cependant en ce moment elle en éprouva un si grand saisissement, ce spectacle inattendu la troubla si fort, qu'elle se sentit un besoin impérieux, un besoin de première nécessité de la société de sa mère, et traversant rapidement le petit couloir qui séparait les pièces qu'elles occupaient, elle entra chez madame Marsolier, dont elle ouvrit toutefois la porte avec quelque précaution, pensant qu'il n'était pas impossible que, lasse comme elle le devait être, elle n'eût rien entendu et dormît paisiblement.

Quelle ne fut pas sa stupeur?

Deux bougies brûlaient sur la cheminée. Marianne et Joseph sanglotaient au pied du lit. M. Sergis et un autre médecin s'empressaient autour de sa mère.

A cet aspect, peu s'en fallut qu'elle ne tombât privée de vie.

Une idée lui conserva l'existence. Elle s'expliqua ce qu'elle voyait par une simple attaque de nerfs causée par l'orage, et supposa que, crainte de l'alarmer, on ne l'avait pas voulu avertir. Les premiers mots qu'elle prononça expliquèrent sa pensée aux deux docteurs. L'un inclinait à lui laisser son illusion; mais l'autre jugea plus à propos de l'en tirer. Il avait déjà porté son pronostic et trouvait qu'il valait mieux lui dire les choses comme elles étaient que de lui donner un espoir qu'on serait sitôt obligé de lui ravir. Blanche donc apprit de sa bouche l'affreuse vérité.

Madame Marsolier se mourait empoisonnée... Elle périssait victime d'un mets fatal, de ces funestes chevrettes dont elle et la duchesse de Bellingua avaient à peu près seules mangé, les autres convives s'étant fait un plaisir de le leur laisser, sachant que, pour l'une et l'autre, c'en était un de prédilection, mais dont toutefois madame de la Hautière avait mangé le plus.

En vain M. Blaiz (tel était le nom du second médecin que l'on avait appelé) mit-il tous les ménagements imaginables à faire à Blanche cet épouvantable aveu, en vain l'entoura-t-il de toutes les circonlocutions, il faut renoncer à décrire ce qu'elle éprouva. La foudre qui venait d'éclater devant elle quelques minutes auparavant peut à peine en donner une faible idée; cette fois elle était tombée sur son cœur.

Blême, la bouche entr'ouverte, les yeux fixes, hagards, démesurément ouverts, elle croyait parler et appeler sa mère, bien que ses lèvres n'articulassent aucun son. Celle-ci était incapable de la voir et de l'entendre. Elle se tordait sous la souffrance, et ce ne fut que lorsque des vomissements réitérés l'eurent un peu soulagée qu'elle retrouva quelque usage de ses sens. Alors elle fit un cri, porta autour d'elle des regards tout étonnés, reconnut sa fille, lui jeta les bras autour du cou, l'attira sur son sein, puis retomba dans une effrayante torpeur. Et tant qu'elle dura (deux mortelles heures), Blanche demeura enlacée dans cette étreinte, retenant son souffle, n'osant bouger, et dans une angoisse d'esprit et de corps plus facile à concevoir qu'à exprimer.

Vers midi, la malade sortit enfin de cet assoupissement léthargique, ce qui permit à mademoiselle de la Hautière de changer de position. Le reste du jour se passa sans accident, la nuit fut bonne, et le lendemain madame Marsolier, se retrouvant en pleine possession de ses facultés intellectuelles, voulut rester seule avec sa fille.

—Blanche, lui dit-elle, dès qu'on se fut éloigné, rassemblez votre courage. Les médecins s'abusent s'ils se flattent de me conserver la vie ; je suis frappée à mort, je le sens, et bientôt, ma fille, il faudra nous séparer. Votre cœur se déchire en m'écoutant ; mais il me reste si peu de temps que je ne puis l'employer à vous tromper.

J'étais assez jeune, il est vrai, pour espérer vous accompagner encore longtemps dans cette route ardue où vous n'avez fait que les premiers pas, et même vous me rendiez l'existence chère à ce point, qu'en ce moment où je me vois près de paraître devant Dieu, quoique je me sente pleine de confiance en sa bonté, et me rende ce consolant témoignage d'avoir cherché la vérité et le bien avec la simplicité du cœur, je ne me soumets qu'avec peine à l'arrêt qui m'appelle à lui, en me séparant de vous.

Vous le comprenez, mon enfant, ce sont là des sentiments peu chrétiens, et j'ai besoin de qui m'anime et non de qui m'amollisse. Aidez-moi à franchir ce redoutable passage. Songez à son importance ; moi, vous le voyez, je suis affaiblie et accablée par le mal ; vous, au contraire, vous possédez toute votre force, prêtez-m'en donc au lieu d'essayer de me ravir ce qui m'en reste. Tournez votre esprit vers les choses qui le doivent occuper dans la circonstance, et vous unissez à moi pour demander à l'Éternel de m'accorder une soumission entière à sa volonté et la grâce d'une mort paisible et édifiante.

A ces mots, Blanche sentit renaître tout son courage et le sentiment du devoir, le plus fort qu'elle fût capable d'éprouver, l'emportant sur sa douleur :—Vous avez raison, madame, dit-elle, je rougirais de balancer votre Dieu dans votre pensée, et si la céleste sentence est irrévocable, je tâcherai d'élever les miennes à lui sur l'aile des vôtres, loin de chercher à rabaisser celles-ci vers la terre ; mais laissez-moi espérer de vous conserver encore, et souffrez qu'avant de prier l'Être suprême de vous recevoir dans son sein, je le conjure de m'accorder au moins un sursis. En même temps, elle se jeta à genoux, et, tout éplorée. les yeux levés vers le ciel : O mon Dieu ! laissez-moi ma mère, s'écria-t-elle, laissez-la moi, au moins encore quelque temps ; son âme, je le sais, n'est pas faite pour la terre, et vous êtes jaloux de la posséder, mais hélas ! ne pouvez-vous donc attendre ! Pour cela, les hommes n'ont qu'un moment ; vous, Seigneur, vous avez l'éternité.

Comme elle se relevait , les médecins entrèrent, et M. Sergis s'étant approché de la malade, et en ayant consulté le pouls qu'il trouva plus agité , lui défendit de parler de quelque temps ; puis , pour être plus sûr que cette injonction serait ponctuellement exécutée, il obligea Blanche à se retirer dans une chambre voisine. Elle s'y laissa conduire sans difficulté ; mais voyant que l'autre docteur l'y suivait dans l'intention de chercher à la consoler, elle le pria de l'y laisser seule un moment.

D'abord elle s'y promena pleine d'angoisse, de trouble et d'agitation , puis elle s'assit ; sa tête s'affaissant tomba dans ses mains, et elle demeura dans la plus entière, la plus complète immobilité. Mais que son âme était loin de participer à la tranquillité de son corps! autant celui-ci était calme, inerte, autant celle-là était émue, bouleversée; il s'y formait mille pensées qui s'y heurtaient et s'y brisaient tour à tour, aussi tumultueuses que les vagues de l'Océan. Bientôt même, ce repos physique lui devint insupportable, et elle recommença à errer par l'appartement, ce qu'elle fit jusqu'à ce que la fatigue l'obligeant à se rasseoir, elle se laissa retomber sur un fauteuil, où elle demeura de nouveau en proie à une souffrance indicible, inexprimable ; tantôt la tête baissée sur son sein, tantôt jetant de tout côté autour d'elle des yeux égarés. Tout à coup un de ses regards tombe sur le crucifix ; le cours désordonné de ses idées se fixe, s'arrête : elle se lève, va droit à l'image sacrée, appuie sa tête brûlante sur celle qu'une couronne d'épines décore, et prononce les paroles mêmes qui sortirent de la bouche du Sauveur : « Mon père, que ce calice s'éloigne, s'il se peut, de moi sans que je le boive. A quoi elle ajoute : Si cependant il en doit être autrement, donnez-moi le courage qui m'est nécessaire.

A l'apaisement qu'elle éprouva, elle connut qu'en partie au moins sa prière était exaucée. Et les médecins l'étant venus retrouver, elle eut la force de les entendre, sans défaillir, non-seulement lui confirmer que madame de la Hautière était sans ressource, mais encore qu'il ne lui restait que trois jours à vivre. De ce moment, ils ne s'opposèrent plus à ce qu'elle restât près d'elle, et, jusqu'au terme fatal, elle se sentit pour veiller, soigner, et même affermir sa mère, une force, un calme apparent dont jamais elle ne se serait jugée capable, et qu'on ne trouve en effet dans de tels instants que là où elle les avait cherchés.

—Ma chère enfant, lui dit la malade quand elle revint s'établir à son chevet, je suis fort contente de ces messieurs ; ils nous ont crues dignes d'entendre la vérité, et je leur en sais un gré infini. Nous devons à l'opinion qu'ils

ont de notre courage de savoir qu'il nous est
encore accordé quarante-huit heures. Je
trouve cruel, et pour les malades, et pour
ceux qui les entourent, d'être tenus dans l'i-
gnorance et l'incertitude. Ne sentez-vous pas
que l'âme a bien plus de force contre un
événement assuré ?

« Je réfléchissais tout à l'heure combien
l'homme est injuste envers le Ciel, et porté à
ne voir en tout que le mal. N'est-il pas vrai,
ma fille, qu'en ce moment vous êtes tentée de
murmurer de mon sort, et fort loin de croire
que nous ayons, au contraire, mille sujets de
remercier la Providence. Cependant, mon
enfant, si la douleur peut faire, au moins
quelques instants, assez de silence dans votre
âme pour que l'équité s'y fasse entendre, je lui
servirai d'interprète ; et comme on dit que la
voix des mourants a quelque chose de solen-
nel qui ne s'oublie point, j'ose espérer que la
mienne gravera en vous des vérités propres
à vous consoler.

« Vous vous dites, n'est-ce pas, que je

meurs, à la fleur de l'âge, d'un mal cruel, par un accident inopiné, au moment où les flambeaux de l'hymen allaient s'allumer pour vous, et, ce qui vous semble peut-être le plus affreux, après avoir recouvré une santé depuis longtemps altérée.

Tout cela est vrai. C'est effectivement l'un des côtés de la médaille, mais est-ce le seul qu'il faille considérer?

Je meurs, dites-vous:

—Au milieu de ma carrière.—Eût-il mieux valu ou qu'atteignant l'âge de la décrépitude j'eusse passé par toutes les infirmités de la vieillesse, ou que périssant quinze années auparavant j'eusse laissé votre éducation à peine ébauchée?

— Au moment où vous allez être unie à celui que vous aimez. —

Vous aurait-il donc paru préférable que c'eût été quand votre destin était voilé de ténèbres, et ne fussè-je pas alors descendue dans le tombeau, pleine d'inquiétude sur votre avenir? Aujourd'hui, je suis tranquille

sur ce point, et déjà même vous avez une famille dans celle de votre futur époux.

—Rapidement. D'un accident imprévu.—

Eh bien! je vais au sujet de ce grief vous
dire quelque chose qui arrêtera soudain toute
plainte sur vos lèvres imprudentes : j'avais
toute ma vie demandé à Dieu un genre de
mort non assez lent pour m'ôter la patience,
non assez prompt pour m'empêcher de me reconnaître, n'est-ce pas à peu près celui qu'il
m'octroie? et n'y aurait-il pas à moi bien de
l'injustice à lui reprocher d'avoir exaucé mes
vœux.

— Après un rétablissement qui semblait
parfait et pour lequel nous avions longtemps
soupiré. —

C'est là, je le vois, ce qui vous affecte le plus.
L'oserai-je dire, ce qui malgré vous vous ré-
volte contre Dieu.

C'est là, cependant, que sa bonté est pour
moi plus grande et plus manifeste.

Si j'avais terminé mes jours il y a six
mois, dans l'état de langueur et d'épuisement.

où j'étais alors, je serais morte sans courage, et je n'aurais pu compléter ma tâche en vous tenant de tels discours.

C'est pour moi une très-grande satisfaction, croyez-le bien, de sentir que l'unité de ma vie n'est point rompue à ce dernier acte, et je suis très-reconnaissante à l'éternel de ce qu'il me permet de vous la laisser en exemple tout entière.

Ma fille, je vous avais appris à vivre ; ne fallait-il pas que je vous apprisse à mourir ?

— Je ne saurais, répondit Blanche, cherchant en vain à comprimer ses sanglots, contester ce que vous dites. Mais pour moi tout cède devant l'idée de notre séparation.

—Laissez vos pleurs couler librement, ma fille, reprit madame Marsolier ; loin de vous blâmer d'en répandre, j'y mêle les miens et n'y crois point offenser Dieu. D'ailleurs, vous n'aurez jamais d'en verser un motif plus légitime ; je serais même fort affligée de penser que vous ne me regrettez pas, et vous allez perdre en effet la personne qui vous aime davantage, sans même en excepter votre amant. Oui, mon enfant, ajouta-t-elle, pressant de ses mains défaillantes celles de Blanche, je ne sais si M. de Bellingua vous aime plus; mais je suis certaine que je vous aime beaucoup mieux.

Cette distinction, ajouta-t-elle avec un pâle et ineffable sourire, est, n'est-ce pas, un peu subtile pour une mourante; mais j'ai toute ma vie aimé à philosopher, et suis en cela comme Vaugelas, lequel s'occupait encore de grammaire une heure avant d'expirer. Et voyant que Blanche, absorbée dans sa douleur, ne l'entendait plus, elle reprit son discours de manière à ramener son attention. Vous me disiez, lui dit-elle, que l'idée de vous séparer de moi l'emportait sur tout, je vous le répète; modéré, ce sentiment est naturel et innocent; excessif, il serait injuste et coupable. Je vais plus loin : si vous le décomposez, vous trouverez que l'égoïsme en fait la base. Dites-moi, Blanche, si mon père habitait aux Etats-Unis, qu'il y fût dans une position brillante, et que j'en eusse reçu une lettre par laquelle il m'appelât auprès de lui pour me la faire partager, encore bien [que pour des raisons majeures et qu'il ne nous ferait pas connaître, vous ne devriez nous rejoindre qu'un peu plus tard, entreriez-vous dans un pareil désespoir? Et cependant, quelque tendresse que ce père terrestre pût avoir pour moi, elle ne saurait égaler celle de mon père céleste qui m'appelle. Et quelle comparaison établir entre la fortune et les honneurs dont pourrait me faire jouir le premier, et les trésors et les couronnes que peut m'offrir le second?

D'ailleurs n'est-il pas dans la nature de survivre à ceux qui nous ont donné le jour ?

— Si encore j'étais moins jeune, reprit Blanche.

— Vous en revenez là, ma fille, dit madame de la Hautière; il faut donc que j'y revienne à mon tour. Oui, encore un coup, Dieu eût pu ne me retirer que lorsque vous auriez eu quarante ans; mais ne le pouvait-il pas aussi lorsque vous n'en aviez que dix ou que quatre? et ne voulez-vous pas le remercier de ce que je vous ai conduite à la porte du bonheur.

Ah! dit Blanche, l'interrompant par un cri qu'il lui fut impossible de retenir, il n'en est plus pour moi si je vous perds ; et si le ciel me refuse la prolongation de vos jours, puisse-t-il trancher les miens!

Ne parlez pas ainsi, ma fille, reprit madame Marsolier ; chacun ici-bas a une carrière à fournir, et ce ne serait pas le moyen de me retrouver d'abréger la vôtre par un chagrin insensé. Il n'en est qu'un ; c'est, au contraire, d'entrer dans les desseins de l'Eternel. Continuons, s'il vous plaît, la comparaison que je vous faisais tout-à-l'heure : que feriez-vous, si, comme je l'ai déjà supposé, je devais habiter l'Amérique un certain laps de temps pendant tout lequel il ne nous fût pas permis de nous voir ?

Vous vous occuperiez, n'est-ce pas, à acquérir chaque jour quelque nouvelle qualité et penseriez souvent au moment heureux qui devrait nous réunir.

J'en demeure d'accord, dit-elle ; mais hélas ! la chose serait alors bien différente ! D'abord je saurais au juste le terme de votre absence ; ensuite il y aurait encore ceci, que les lettres sont un puissant allégement et que dans ce cas nous pourrions entretenir une active correspondance.

A votre première objection, reprit la malade, je réponds qu'il y a encore là du pour et du contre, et vous renvoie à mes précédentes réfutations. Quant à la seconde, continua-t-elle, arrêtant sur sa fille ses plus doux regards, je pourrais vous dire qu'à défaut d'autre, la correspondance d'âme à âme pourra exister entre nous, et je me plais à m'imaginer que si chaque soir vous élevez la vôtre vers moi, Dieu permettra que quelque émanation de la mienne l'environne et se fasse sentir à elle d'une façon particulière ; mais, de plus, ma prévoyante amitié comprenant tout ce qu'est pour vous un commerce épistolaire, a voulu vous en laisser l'équivalent. J'ai donc écrit à votre intention ma fille, pendant la maladie d'où je sortais et que longtemps j'ai crue mortelle, un certain nombre de lettres qui toutes traitent chacune d'un point de morale, et dont vous n'ouvrirez la première que trois jours après ma mort, et les autres de semaine en semaine, chaque lundi. La plupart roulent, il est vrai, sur des sujets dont nous nous sommes déjà entretenues; mais j'ai pensé qu'il était bon de vous les remettre sous les yeux et de ne vous habituer ainsi que peu à peu à vous passer de mes conseils.

Mademoiselle de la Hautière demeura sans voix; elle ne trouvait point de paroles pour peindre ce qu'une pareille tendresse lui inspirait; une foule de sentiments divers oppressaient son cœur; mais, à vrai dire, au milieu de leur amertume se mêlait une douceur teinte d'orgueil, et l'équité lui était si naturelle, qu'au plus fort même de son immense affliction elle sentait que si c'était le plus grand malheur de perdre une telle mère, la plus grande faveur du ciel était d'être née de cette femme incomparable.

Sur les six heures, le curé de la paroisse, qui était le directeur de la malade, et que sur sa demande on était allé chercher, étant venu, il eut avec elle un tête-à-tête et entendit sa confession qu'elle fit avec une présence d'esprit admirable, et dont il fut si édifié, ainsi que de ses dispositions et de sa parfaite résignation, qu'il n'hésita point à déclarer que de sa vie il n'avait rien ouï ni rien vu de tel.

En se retirant il avertit Blanche qu'il reviendrait le lendemain apporter le viatique, et celle-ci retourna près de sa mère avec l'un des médecins. La voix et le pouls de la malade avaient baissé, il y avait absence de fièvre presque totale ; mais elle se plaignait du mal de tête, et les douleurs d'estomac étant revenues, on lui fit prendre une potion opiacée qui lui procura deux à trois heures de sommeil.

A son réveil, les souffrances avaient cessé, elle se trouvait plus de force, la tête libre, et voulut en profiter pour avoir avec sa fille un nouvel entretien particulier qu'elle prévoyait bien qui pourrait être le dernier.

« Blanche, dit-elle, il est quelques recom-
mandations que je tiens à vous faire moi-même,
et j'ai aussi quelques conseils à vous donner de
ma propre bouche ; après cela, je compte sur
vous pour me lire la Passion de notre Seigneur, qui est, je crois, ce que je puis entendre de plus propre à m'exciter aux sentiments
que je dois avoir ; mais, auparavant, je serais
bien aise de connaître au juste quelles sont en
ce présent moment vos intimes convictions,
et si vous les sentez assez fortes et assez pro-
fondes pour en faire la règle immuable de vos
actions et leur tout sacrifier : que la crainte
de m'affliger ne vous porte pas à me céler
le contraire. J'aime la vérité à ce point,
que c'est elle que je vous demande avant
tout.

Si votre foi, soit en la révélation, soit en la
rémunération de nos œuvres, soit en Dieu
même, est faible ou chancelante, je vais plus
loin, si en scrutant votre cœur vous y trouvez
le doute, dites-le moi. J'en gémirai ; mais
peut-être trouverai-je des raisons pour vous

convaincre. En récompense de ma soumission à l'arrêt qui nous sépare, celui qui l'a prononcé m'en inspirera peut-être qui jamais encore ne se sont offertes à mon esprit. Il illumine les yeux des mourants de plus vives clartés, et c'est parce que ces heures sont suprêmes qu'il faut les rendre fécondes.

Vous êtes parvenue aujourd'hui, ma fille, au plein développement de toutes vos facultés. L'esprit comme le corps a son enfance, comme lui sa virilité. Faites pour un moment dans le vôtre, je vous en conjure, cette table rase qu'y veut Descartes. Quelle est la première question que, naturellement, vous allez vous adresser? N'est-ce pas celle-ci : Y a-t-il un Dieu?

— C'est là , dit Blanche, en effet, ce que je dois me demander tout d'abord, et à quoi je n'hésite point à répondre.

Oui, il y a un Dieu.

— Et qui vous porte à le croire? reprit madame de la Hautière.

—C'est, répondit sa fille, que toutes les langues me disent que son nom est leur premier mot.

C'est que l'histoire, la fable, la géographie, la chronologie m'apprennent que, dans tous les temps, tous les peuples ont reconnu son existence.

C'est que les arts et les lettres me font voir qu'ils ont dû à cette croyance sacrée leurs inspirations les plus sublimes.

C'est que, d'elle-même, mon ame s'élance vers lui dans la peine ou dans la joie.

C'est qu'instinctivement, dans les périls, mes genoux se ploient et mes bras se lèvent pour l'implorer.

C'est que la raison me crie que toute œuvre suppose nécessairement un ouvrier.

Le simple bon sens, que s'il n'eût pas mis en moi le germe de sa connaissance, jamais je n'aurais pu l'imaginer.

C'est que la création tout entière prend une voix pour m'en parler et mon cœur plus haut encore que tout le reste.

— Et croyez-vous que ce Dieu soit juste et

bon? dit madame Marsolier. Prenez garde, mon enfant, à mettre de côté, pour me répondre, tout ce qui, à cet égard, peut vous avoir été suggéré, et à ne le faire que d'après vous.

— Il ne me semble guère probable, reprit Blanche, qu'une personne sensée et impartiale puisse nier l'existence d'un Être suprême, mais il me paraît bien plus impossible encore qu'elle y croie et se figure la Divinité injuste et cruelle.

Cela choque toutes les notions du sens commun; car tout homme porte en soi le sentiment du bon et du juste. Or, qui peut le lui avoir donné que le Créateur, et comment donner ce que l'on n'a pas soi-même? Je ne disconviens pas que certaines choses, dont le raisonnement ne peut donner une explication satisfaisante, semblent impliquer contradiction; mais il en est une que je conçois parfaitement; c'est que le fini ne peut comprendre l'infini; et cette incontestable vérité ramène sans cesse la foi dans mon âme et le calme dans mon cœur.

— Et pensez-vous, ma fille, avec Voltaire, que si vous étiez née en Turquie, à la Chine ou au Pérou, vous auriez suivi la religion que vous y auriez trouvé établie?

—Assurément, répondit Blanche; mais en admettant, toutefois, que je n'aie pu la comparer avec d'autres, ou que l'ayant fait, celles-ci ne m'aient pas paru meilleures.

Et c'est donc aujourd'hui, reprit la malade, après les avoir opposées les unes aux autres et examinées mûrement et avec soin, que vous avez choisi celle que vous pratiquez?

—Oui, dit Blanche.

—Qui vous la fait préférer? reprit sa mère. Pouvez-vous me le demander? répondit-elle. Y a-t-il rien de si juste et même de si naturel que d'aimer le beau, le bon, et par-dessus tout l'excellent et le meilleur? or, quoi de plus excellent et de meilleur que la religion chrétienne, et quelle comparaison, je vous prie, entre Jupiter et Jéhovah? Mahomet et Jésus-Christ?

Quelle vous semble alors, poursuivit madame de la Hautière, la plus noble et plus

importante occupation d'une créature raisonnable et intelligente?

—Je n'en vois point, dit Blanche, de plus
digne d'elle que d'éclairer son esprit, de per-
fectionner son âme, et de faire autant de bien
que le lui permettent sa position et ses facultés.

— Oh! mon enfant, dit la malade, le front
empreint d'une douce sérénité, puisque telle
est votre profession de foi, je meurs tranquille sur votre sort. N'oubliez pas que c'est
dans le libre exercice de votre entendement et
de votre volonté, dans la plénitude de la santé
d'un corps jeune et vigoureux et d'une âme
forte et pure, que vous avez adopté les principes sacrés qui vont diriger votre existence.
Roseau fragile, prenez pour soutien le seul
arbre qui, debout, doive voir tomber le
monde; la mer fût-elle calme, appuyez-vous
à la croix. En cas de tempête, cramponnez-
vous-y; pour vous en arracher, nulles passions ne seront assez puissantes, nulles tenta-
tions n'auront les bras assez forts.

« Le soir venu, il n'importe guère que le

jour ait été heureux ou malheureux, il importe beaucoup qu'il ait été plein ou vide ; ceux-ci seuls sont regrettables.

« Ma fille, j'ai nourri votre esprit de connaissances sérieuses, et, malgré votre sexe et votre jeunesse, vous n'êtes étrangère à rien de ce que l'humaine philosophie a produit de plus parfait. Eh bien ! vous-même venez de le dire, qu'est tout cela, au prix de ce livre simple et touchant qui nous vient de Dieu ? le Digeste, aussi bien que tous les codes, à côté du code divin ? qu'il soit le vôtre ; méditez-le chaque jour. Nous avions accoutumé d'en lire ensemble tous les matins quelques pages ; si, après ma mort, vous continuez ce salutaire exercice, votre âme ne tombera point dans l'abattement, ou du moins, si elle elle y tombe, cet abattement ne sera ni excessif, ni durable.

Toutes les montres varient ; elles avancent un jour, retardent un autre ; les cadrans solaires sont fixes, immuables. Les montres, mon enfant, ce sont les lois et les institutions des hommes. Là ainsi, ailleurs autrement ; approuvant aujourd'hui ce que demain elles condamneront peut-être. Les cadrans, ce sont les lois éternelles sur lesquelles luit Dieu même, soleil vivant.

Dans ce moment les yeux de madame de la Hautière brillèrent d'un éclat surnaturel, et son front pur, devenu transparent sous la clarté dont elle venait de parler, réfléta de sublimes pensées. En elle la vie morale semblait augmenter ; mais l'autre déclinait sensiblement, et en prononçant les dernières syllabes sa voix s'éteignit, et sa tête retomba sur l'oreiller.

Mais bientôt elle voulut reprendre la parole, et Blanche, cherchant à l'en empêcher : «Laissez, ma fille, lui dit-elle : il est assez indifférent que je meure quelques minutes plus tôt ou plus tard, et je serais fort affligée que ce fût avant que vous ayez entendu ce que j'ai encore à vous dire.

Il est deux choses que jusqu'à ce jour j'ai jugé à propos de vous cacher : vous apprendrez la première dans l'une de mes lettres, et vous y verrez qu'il n'est point de sacrifice qu'une mère ne puisse faire à son enfant.

A l'égard de la seconde, vous la trouverez également relatée, avec plus de développements et de détails, dans une lettre d'une date subséquente. Mais je tiens à vous en toucher quelques mots moi-même.

Vous savez, ma fille, que je vous ai rarement entretenue de la mort de votre père, et qu'éludant vos questions sur ce sujet, je vous ai toujours fait entendre qu'y satisfaire était au-dessus de mon courage.

On croit généralement ici qu'il a péri au champ d'honneur, et j'ai moi-même accrédité par mon silence une erreur qui ne fait de tort à personne; mais la vérité est qu'échauffé par le vin et les liqueurs, il eut, à l'issue d'un repas, une dispute, et à l'issue de cette dispute un duel dans lequel il a succombé à trente-deux ans, après avoir estropié son adversaire.

Il m'avait quittée à quatre heures de l'après-midi, dans la meilleure et la plus florissante santé du monde. On me l'a rapporté à six tout sanglant. Il n'a pu me dire un mot, me faire un signe, et à huit il a rendu le dernier soupir, me laissant de cruels regrets de sa perte, et de vives inquiétudes sur son salut.

C'est ainsi que je suis devenue veuve à 24 ans, et vous orpheline avant que de naître. Mais je ne vous ai pas encore fait une confession tout entière, et il ne m'a pas laissé seulement des regrets trop naturels et des inquiétudes trop légitimes, il m'a aussi laissé presque des remords. Avant de m'épouser, deux fois déjà il avait risqué sa vie dans des combats singuliers: je le savais, et cela ne m'a point arrêtée. Il est vrai qu'il en avait été quitte alors pour peu de chose, et n'avait guère fait plus de mal qu'il n'en avait reçu; mais cela ne dénotait pas moins un caractère emporté et violent, sur lequel l'honneur veritable avait moins d'ascendant que le faux honneur, les maximes du monde plus de puissance que celles de la religion et de la raison.

†. J'ai donc été justement punie; mais vous, ma fille, vous avez été victime innocente; et si ma tendresse pour vous a depuis, comme je le crois en effet, dépassé toute autre tendresse, c'est que, par ses résultats, j'ai senti toute la grandeur de ma faute, et que j'ai voulu, pour vous en dédommager, que vous trouvassiez en moi le père et la mère.

Les devoirs qu'on a à remplir envers ses enfants ne datent pas seulement de leur naissance; il en est aussi d'antérieurs.

Croyez-vous que la personne qui en épouse une qu'elle sait atteinte d'infirmités transmissibles avec le sang, ne pèche pas envers sa postérité? N'est-il pas affreux de transiger, pour quelque avantage que ce soit, avec sa conscience en de telles matières, et de sacrifier la santé de sa descendance à des titres ou de l'or? Ne faut-il pas que toutes notions de vertus s'éteignent au fond des cœurs pour qu'on fasse là-dessus plus d'attention aux bêtes qu'aux hommes; comme si un corps robuste et sain était pour ceux-ci d'une moindre conséquence

que pour celles-là, et que l'espèce humaine fût
la seule qu'il fût indifférent qui dégénérât.

Que si ces idées ne sont pas erronées, et
que ce soit, en effet, pécher contre la généra-
tion à venir, de former par intérêt des unions
dont il est à présumer que les fruits seront
atteints de difformités ou de maladies héré-
ditaires, l'âme étant incontestablement de plus
haut prix que le corps, n'est-ce pas tomber
dans une faute encore plus grave que de s'unir
par de tels motifs à des individus atteints de
difformités morales? Ces dernières seraient-
elles moins transmissibles? Et si l'enfant n'en
apporte pas le germe, échappera-t-il à la con-
tagion de l'exemple? le virus ne lui en sera-
t-il pas inoculé par l'éducation domestique?
De ces considérations générales sur le mariage, que plus d'une fois, en m'entretenant
avec vous, il m'est déjà arrivé de vous pré-
senter, il m'a toujours paru logique de tirer
cette conséquence, que l'on ne s'y doit engager
qu'avec des personnes vertueuses et honora-
bles, tant pour soi et dans l'intérêt de son

bonheur personnel, que par principe de conscience et pour sa postérité.

Mais si la femme qui épouse un homme auquel elle connaît des vices ou des défauts es-
sentiels, est coupable d'imprudence, et si elle
s'expose et à en souffrir et à ce que ses enfants
en souffrent, et les contractent eux-mêmes,
celle qui s'unit à un duelliste l'est plus encore,
puisqu'en outre elle court le risque de voir sa
famille demeurer bientôt sans appui; or,
comme la perte d'un père est un malheur immense et irréparable, j'en conclus que le duelliste est un être qu'une femme doit mépriser,
et l'un des derniers auxquels elle doive remettre sa destinée.

Vous comprendrez maintenant, ma fille,
quelle émotion j'éprouvai le jour où vous me
fîtes le récit du combat de MM. de Tarbonnes
et de Sortès.

Si jusqu'ici j'avais reculé devant ces pénibles révélations, c'est qu'il m'en coûtait cruel-
lement de déchirer le voile à travers lequel
vous contempliez l'image de votre père. Je

m'y suis décidée pourtant, moins par le besoin de vous léguer mon expérience, ce qui,
dans votre position, est, je pense, superflu, que
pour vous marquer de quelle nature est l'intérêt que je prends à une personne à laquelle
vous savez que je fais un peu de bien. C'est
l'unique enfant de l'individu avec lequel se
battit M. Marsolier. Estropié, ainsi que je
vous l'ai dit, cet homme, qui avait été obligé
d'abandonner sa profession aussitôt, mourut
dix-huit mois après des suites de sa blessure,
laissant à l'abandon et dans la misère sa fille
âgée de quatre ans. J'ai depuis veillé sur elle :
d'autres le pourront trouver singulier, mais
ce ne sera pas vous, mon enfant ; je n'ai même
pas besoin de vous demander de lui continuer
la petite pension que je lui sers, espérant allé-
ger d'autant la dette qu'à son égard votre père
a contractée devant Dieu ; lui-même nous en
saura gré, soyez-en sûre. Hélas ! à part cette
funeste promptitude, cette susceptibilité dé-
plorable qui nous l'ont ravi, c'était un homme
de bien, attaché à ses devoirs, et je me flatte

que le ciel clément aura permis qu'en tombant il versât une larme de repentir.

Depuis sa mort je n'ai pas cessé d'implorer en sa faveur l'éternelle miséricorde, et vous-même l'avez priée pour lui chaque jour. Maintenant que vous en savez davantage, vous redoublerez de ferveur, et sans doute elle se laissera enfin fléchir; mais si ce n'est point une illusion qui m'abuse, déjà Dieu a rappelé cette âme épurée. Ne pèse-t-il pas tout dans sa balance? Ne sait-il pas ce que cet infortuné s'est ôté de bonheur, et a perdu de pures délices en se privant de vos caresses innocentes? Il me semble que cela seul est une punition considérable, et mon cœur n'en conçoit point de plus cruelle.

Jamais il ne m'est arrivé de jeter les yeux sur votre berceau sans penser que d'autres regards devraient s'y croiser avec les miens.

Une fois j'allai, après la moisson, m'asseoir dans la cour auprès des batteurs. Vous étiez sur mes genoux et aviez alors dix à onze mois tout au plus. Il y avait là un jeune ménage dont le premier-né se trouvait un peu plus âgé que vous et formait ses premiers pas. La jeune femme, qui s'amusait à tresser des fleurs, était d'un côté, son mari de l'autre vis-à-vis d'elle. L'enfant allait de l'un à l'autre. Ils l'excitaient de la voix et du regard, et chaque fois qu'il était près de tomber, le plus rapproché, ou tous deux ensemble, couraient à lui et le relevaient ou le soutenaient.

Si, au contraire, il fournissait sa course sans accident, deux baisers en étaient aussitôt le prix, et celui des époux placé à l'extrémité opposée reprenait, quand l'enfant arrivait à lui, un de ses baisers sur son front ou ses cheveux, y en posait un nouveau et lui disait de le reporter à l'autre à son tour.

Cela dura jusqu'à ce que le petit fût las. Alors le mari vint à sa femme, prit la guirlande de bluets qu'elle avait faite, l'attacha autour d'eux, comme il eût fait d'une corde ou d'un ruban, afin qu'elle servît de dossier à la petite créature, puis tous deux joignirent leurs mains qu'ils entrelacèrent, et lui en ayant fait un siége commode et sûr, la placèrent dessus, et s'éloignèrent avec elle, me laissant livrée à des impressions, à un attendrissement inexprimables.

Jamais, non jamais, ce tableau touchant n'est sorti de ma mémoire.

C'est là, c'est ce jour, c'est émue par ce délicieux spectacle, qu'en présence de la nature, j'ai juré à Dieu, je me suis juré à moi-même de me doubler.

Oui, de ce moment, j'ai tâché d'avoir quatre jambes pour voler à votre secours, quatre bras pour vous soutenir et vous défendre, quatre yeux pour veiller sur vous. Y suis-je parvenue ? C'est là ce que Dieu me dira dans quelques instants ; mais ce que j'ose me dire moi-même d'avance, et dont vous ne me démentirez pas, je l'espère. C'est que, pour vous aimer, ma fille, j'ai eu aussi quatre cœurs.

Un regard, une pression de main et un soupir répondirent plus affirmativement à ces paroles que nulles ne l'auraient pu faire, et la mère et la fille restèrent un moment les yeux attachés l'une sur l'autre, en proie à la même émotion, et telles que deux harpes qui, vibrant ensemble, ne forment qu'un seul accord.

La porte s'ouvrant, les rappela aux réalités de la vie ; c'était Marianne qui apportait un verre de sirop à la malade, et un bouillon à Blanche, qui depuis deux jours n'avait pas pris de nourriture. Après qu'elles eurent bu, madame Marsolier voulut savoir quelle heure il était, et ayant appris qu'il ne devait plus s'en écouler que deux jusqu'au retour du curé, elle rappela à Blanche qu'elle l'avait priée de lui lire la Passion auparavant, et Marianne ayant demandé pour elle et Joseph la permission d'assister à cette lecture, ce que sa maîtresse lui accorda volontiers, ces deux fidèles serviteurs s'agenouillèrent, et Blanche en ayant fait autant, prit le livre saint, le porta à ses lèvres avec respect et l'ouvrit, non sans l'avoir humecté de ses larmes.

En fait de lecture, tout dépend de notre disposition présente.

Mademoiselle de la Hautière était pieuse,

sensible, et même d'un caractère enclin à une douce mélancolie. Cependant elle avait lu plus de vingt fois le récit de la mort de notre Seigneur, et quoiqu'elle y eût toujours apporté le recueillement et l'attention convenables, elle n'en avait été jusque là que médiocrement impressionnée ; mais en ce moment elle en éprouva un effet bien différent, et il lui causa des sensations nouvelles et inconnues, soit que ce fût l'effet d'une grâce spéciale ou que la douleur lui eût révélé un sixième sens ; car elle a d'étranges mystères, et de ce jour seulement Blanche était admise à leur redoutable initiation.

Cette fois donc, l'image du Sauveur du monde n'offrit point à ses regards un morceau d'ivoire plus ou moins artistement travaillé, mais un homme réel, un homme vivant, un homme mourant pour les autres hommes ; elle vit véritablement son sang couler ; elle s'identifia tellement à ses souffrances, qu'il lui sembla sentir celles des clous déchirant ses propres mains, celles de la lance s'enfonçant dans son propre flanc. Son âme ne participa pas moins aux douleurs qui durent assaillir celle du Christ dans ces effroyables heures ; enfin, pour la première fois, elle crut effectivement assister à ce terrible spectacle, ou plutôt elle y assista en effet, et, tant qu'il dura, elle se sentit la force qui fait les martyrs. Aussi, quand elle en fut arrivée à prononcer ces paroles : *Jésus baissa la tête et expira*, il lui sembla qu'en même temps que la sienne, son âme quittait la terre ; et si, lorsqu'elle se releva, car elle s'était prosternée, sa mère eût eu cessé d'exister, son sacrifice était fait. Mais de semblables instants ne se reproduisent pas dans la vie ; c'est beaucoup qu'une fois l'on ait atteint à de semblables hauteurs, et l'âme qui, montée si fort au-dessus de tout diapason humain, aura pu s'y élever, ne fût-ce qu'un moment, aura rapporté du séjour céleste un parfum qui ne s'évaporera point entièrement, et la préservera à jamais de la corruption du siècle.

O ma mère, dit Blanche, fermant le livre

sacré avec non moins de respect qu'elle l'avait ouvert, mais une dévotion plus tendre, vous avez raison, c'est là le dictame.

Si vous n'êtes pas fatiguée, ma fille, dit la malade, dont l'esprit continuait à conserver toute sa lucidité, bien que ses forces physiques baissassent toujours, je vous serai obligée maintenant de me réciter les litanies de la Vierge, après quoi nous ferons bien, je pense, d'essayer toutes les deux de dormir un peu.

Blanche se mit en devoir de lui obéir; mais à peine avait-elle prononcé les premiers versets que la malade eût une sorte de défaillance qui ramena les médecins auprès d'elle.

J'ai eu une faiblesse, leur dit-elle, mais non un évanouissement complet, car je ne pouvais, il est vrai, remuer ni parler, mais je voyais et entendais parfaitement. Et se penchant vers sa fille : Blanche, lui dit-elle à demi voix, je vous ai promis de vous dire tout ce que je sentirais et éprouverais jusqu'à la fin. Eh bien, mon enfant, si l'accident d'où je sors est un des avant-coureurs du trépas, je vous assure qu'il n'a eu pour moi rien d'affreux, et si je ne craignais de blesser votre tendresse, je vous dirais que c'était quelque chose d'agréable et de doux qui n'était pas même exempt d'une sorte de plaisir. Quant à ces angoisses et à ces terreurs dont on parle tant, je n'en ai éprouvé aucune jusqu'ici. S'il m'en survient, je vous le dirai, c'est entendu; croyez-en celle qui ne vous a jamais trompée.

Vous ne souffrez donc point du tout? dit Blanche.

Si, reprit-elle; par instant il me revient des douleurs, mais qui ne font que passer et sont supportables.

Le pasteur arriva alors, et toutes les choses nécessaires étant préparées, elle reçut les derniers sacrements immédiatement. Ensuite il s'entretint encore avec elle et la laissa pour aller exercer près d'autres malades son ministère, après avoir dit qu'il reviendrait s'informer lui-même, le lendemain, comment elle aurait passé la nuit.

On avait, presque aussitôt l'événement, envoyé des exprès en prévenir MM. d'Hénin et de Bellingua, et même, comme dans le premier trouble on n'avait pas songé à se consulter, et que la duchesse, dont heureusement l'état avait cessé d'être inquiétant quoiqu'elle gardât encore le lit, avait été elle-même fort incommodée, sa femme de chambre et mademoiselle de la Hautière avaient envoyé chacune le leur à Arthur.

Cependant, ni lui ni M. d'Hénin n'étaient encore revenus, et madame Marsolier, qui désirait vivement les voir avant de mourir, commença, sur la fin du second jour, à penser qu'ils arriveraient trop tard.

Personne ne pouvait s'expliquer un pareil retardement, et si Blanche n'eût pas été aussi certaine que ni l'un ni l'autre n'avaient même goûté des fatales chevrettes, elle les aurait aussi crus empoisonnés.

Toutefois, la prolongation de leur absence finit par paraître inconcevable, et chacun en fit des commentaires ou plus ou moins alarmants; car, en toutes circonstances analogues, ce sont rarement les choses les plus simples qui viennent à la pensée, et surtout ce ne sont jamais les véritables.

Par exemple, dans le cas qui nous occupe, ce n'était rien, assurément, ni de grave, ni d'intéressant qui retenait nos voyageurs. Et même ne le rapporterais-je pas s'il n'était certains lecteurs qui veulent que tout leur soit justifié.

Arthur, entraîné par la chasse ailleurs qu'où lui et sa mère avaient premièrement supposé qu'elle le conduirait, n'avait pu être rejoint par les deux individus qu'on lui avait dépêchés qu'après qu'ils eurent pour cela couru monts et vaux.

Ferdinand, arrêté d'abord par l'orage, n'était arrivé à son rendez-vous, qui était un petit hameau appelé Yon, qu'après que la personne avec laquelle il avait à s'entretenir, et qui, de son côté, avait fait presque moitié du chemin pour le voir, en était repartie. Alors, ne voyant pas que rien nécessitât pour le moment son retour, il avait poussé deux petites lieues plus loin à un village nommé Saint-Gilles, où cette personne demeurait; quand l'exprès de Blanche arriva à Yon, apprenant que M. d'Hénin avait continué sa route pour Saint-Gilles, il en avait fait autant; mais par malheur il y avait deux villages de ce nom, et, mal renseigné, c'était à celui où n'était pas Ferdinand qu'il avait été en premier lieu.

Mais, au moment où nous sommes, personne encore ne connaissait ces circonstances, et tout le monde, ainsi que déjà je l'ai dit plus haut, se perdait en conjectures.

Vers dix heures, madame de la Hautière eut une nouvelle crise, qui, cette fois, lui ravit la connaissance. M. d'Hénin arriva précisément pendant qu'elle y était en proie, et bien qu'il eût été prévenu, le navrant spectacle qui s'offrit à ses regards le pénétra d'un douloureux étonnement; jusque-là il s'était flatté qu'on avait pu lui exagérer les choses; un regard le convainquit du contraire et lui montra toute l'étendue de son malheur.

La pièce où se passait cette scène de deuil n'était en cet instant éclairée que par une lampe dont la blafarde et tremblottante lueur ne permettait qu'à demi de distinguer les objets. A plus forte raison une mourante en était-elle incapable. Les yeux de madame de la Hautière, longtemps fermés, se portèrent en se rouvrant sur M. d'Hénin, et le prenant pour M. de Bellingua, elle l'appela de sa faible voix, ainsi que sa fille, pour les bénir. Cette erreur les troubla au plus haut point; mais quelques paroles de madame Marsolier leur faisant comprendre combien elle était satisfaite d'avoir cette consolation avant d'expirer, aucun des deux ne put se résoudre à la détromper.

Ils se regardaient également incertains, également embarrassés, cherchant dans les regards l'un de l'autre ce qu'ils devaient faire, et demeuraient immobiles et silencieux.

Enfin, sur une nouvelle et plus pressante invitation de la malade, ils s'avancèrent en même temps, n'ayant encore aucune résolution arrêtée, et peut-être aussi s'imaginant que lorsqu'ils seraient plus rapprochés, elle pourrait reconnaître sa méprise ; mais les ombres de la mort formaient déjà sur ses yeux un voile que chaque moment rendait plus épais. Ses mains défaillantes cherchèrent celles du couple qui s'était mis à genoux près de son lit, et après avoir remercié le ciel de cette dernière faveur qu'il lui accordait et l'avoir prié de répandre l'abondance de ses grâces sur ses enfants, et de bénir l'union qu'ils se proposaient de contracter, elle-même leur donna aussi sa bénédiction.

Une angoisse si terrible oppressa Blanche en la recevant, qu'elle crut étouffer, et à tout prix voulut tirer sa mère d'erreur ; mais en dépit d'elle, la vérité ne put sortir de sa bouche ; ses dents s'entrechoquaient, et prise d'un bégaiement convulsif, il ne s'échappa de ses lèvres que des accents demi-formés, des sons inarticulés et tels à peu près qu'en font entendre les sourds-muets.

Madame Marsolier, au contraire, ayant un avant-goût des délices célestes, était plus belle, plus calme, plus sereine que jamais. Comme il lui revint un éclair de force, elle leva la main droite vers le ciel, puis le désignant à Blanche :

A Dieu, ma fille, lui dit elle. Son dernier soupir s'exhala avec ces mots, et l'ange des saintes morts, qui planait sur elle, reçut sa grande âme et couvrit le corps où elle avait résidé de sa majesté sublime.

A cet instant terrible Blanche demeura frappée de catalepsie, et plusieurs minutes elle conserva la même effrayante attitude. On l'eût dite foudroyée ; elle semblait ne rien voir, ne rien sentir.

Heureuse qu'il en eût été ainsi, en effet, et qu'un évanouissement l'eût soustraite à l'irréparable réalité.

Plus heureuse mille fois si elle fût morte sur ce cadavre adoré qui avait été sa mère.

On craignit pour sa vie, pour sa raison.

Il se fit un cataclysme dans son âme ; les lumières qui y brillaient le plus vives y pâlirent, le flambeau de la foi y vacilla.

Tout le jour, tout le lendemain, quoi que l'on pût dire et faire, elle demeura près des tristes restes dont elle repaissait ses yeux, ne remuant pas, ne pleurant point, ne prononçant que quelques paroles incohérentes ; semblant ne reconnaître aucun de ceux qui cherchaient à la consoler. Seulement si on lui parlait de la triste nécessité de rendre à la terre les froides reliques qu'elle veillait et semblait défendre, elle jetait des cris et son corps entrait dans un tremblement général ou, retrouvant une lucidité passagère et qui n'avait que la durée d'un moment, elle alléguait la soudaineté de ce trépas, le danger des inhumations précipitées, jurait que jusqu'à ce que les chairs se décomposassent rien ne pourrait lui arracher ces mortelles dépouilles, et qu'à moins de l'enterrer avec elles personne ne pourrait l'en séparer.

Dans les moments où elle parlait de la sorte, sa voix était brève, saccadée, ses yeux brillants. Avait-elle dit, elle retombait dans une sorte d'idiotisme, d'atonie, et ses yeux mornes ne jetaient plus que des regards hébétés.

Les médecins, pensant qu'il y aurait un danger considérable à lui faire violence, se résignèrent à attendre ; mais, comme un état pareil ne laissait pas que de leur causer des alarmes, ils crurent devoir ne s'éloigner d'elle que tour à tour.

La duchesse l'était venue voir plusieurs fois sans qu'elle lui eût accordé grande attention. Elle n'en faisait pas plus à M. d'Hénin, qui ne l'avait pas quittée, et dont l'âme tendre était en proie tout à la fois à la douleur d'avoir perdu son amie et à l'inquiétude que Blanche lui causait. Il suivait tous ses mouvements, tous ses regards. Son existence personnelle semblait suspendue.

Quant à la pauvre Marianne, elle récitait à voix basse les prières des morts, que Joseph répétait sur un autre ton, et cette lugubre psalmodie n'était interrompue que par des sanglots qui s'échappaient de la poitrine des assistants, lesquels étaient quelques intimes amis de la défunte.

Tout à coup la porte s'ouvre brusquement, et M. de Bellingua, éperdu et en habit de voyage, vient tomber aux pieds de sa fiancée, l'enlace de ses bras, l'étreint sur son cœur et pose sur son front le premier baiser qu'il lui ait donné jamais.

A sa vue, Blanche a retrouvé des paroles et des larmes.

Elle se remet à genoux devant le lit où sa mère repose encore, y fait mettre Arthur, saisit une des mains déjà raidies de madame Marsolier, et l'étendant au-dessus d'eux : O ma mère, dit-elle, cette fois nous voilà, bénissez-nous. Puis se relevant et jetant à M. de Bellingua un regard d'une indescriptible expression : Arthur, dit-elle, vous êtes venu trop tard ; je viens d'entendre ma mère, elle nous a bénis, en effet, mais de la bénédiction des morts, et pour le ciel seulement.

M. de Bellingua ne comprit autre chose à ce discours, sinon que la douleur avait mo-

mentanément troublé l'esprit de mademoiselle
de la Hautière ; il ne lui dit rien, voyant trop
qu'elle n'était en état de rien entendre;
mais il la regarda d'une façon qui alla droit à
son cœur et fut la première consolation qu'elle
eut reçue.

La cérémonie de l'inhumation eut lieu le
lendemain, et Blanche ranimée eut le courage
de mener le deuil, conduite par la duchesse qui
allait bientôt être sa seconde mère; mais
celle-ci le lui ayant rappelé, elle en éprouva
une commotion, tant l'idée de donner un pareil nom à une étrangère lui causait de saisissement ; il lui semblait que c'était le profaner.
Toutefois elle marcha avec courage, s'appuyant
à peine au bras qui la soutenait, et ne répon-
dant aux exhortations que par quelques pro-
fonds, mais rares soupirs. Les yeux secs, car
elle était retombée dans cette muette et sombre
douleur, qui se concentre en elle-même entièrement.

On s'attendait généralement qu'au champ
de repos il serait fait des discours. M. d'Hénin

et un frère du duc comptaient, en effet, prononcer quelques paroles et même en avaient manifesté l'intention. Mais le premier ne put trouver que des pleurs, et au moment ou l'autre allait commencer, une quantité considérable de malheureux, tant de l'endroit que de toutes les campagnes environnantes, firent brusquement irruption, et quelqu'effort que l'on fît pour maintenir l'ordre, rompirent les rangs du cortége, et s'avançant presque jusque sur la tombe, se jetèrent à genoux en perçant l'air de leurs cris.

L'un s'écria : « J'ai trois fils, deux sont tombés au sort et ils sont soldats ; l'autre avait été engagé à vil prix par un racoleur, qui, pour arriver à ce dessein, avait fait boire le pauvre enfant plus que de raison. Un matin j'allai trouver celle qui est là, et je lui dis : Me voilà vieux, ma femme ne l'est guère moins, qui nous fera vivre quand André sera parti? Dieu n'est pas juste. Il ne nous reste plus qu'à nous aller jeter dans les fossés du château. Bon homme, m'a-t-elle dit, j'ai toujours une réserve pour les |cas où nous tomberions malades ; je vais vous la donner ; elle servira à racheter votre fils. J'espère qu'en considération de l'emploi que j'en fais, le Ciel nous exemptera de mal cet hiver. Une autre fois, n'ayez plus de pareilles idées, et surtout confiez-vous mieux à la Providence. »

Cet homme allait continuer d'épancher sa reconnaissance et sa douleur ; mais une vieille femme, l'interrrompant :

—Pourquoi meurent-ils, s'exclama-t-elle ? pourquoi meurent-ils ceux qui sont si bons aux pauvres gens comme nous ? j'avais mon petit Louis quasi aveugle ; il avait de grandes taches sur les yeux, et personne ici ne pouvait les lui ôter ; la bonne dame a fait venir à ses frais un grand savant médecin de Paris, c'est elle qui a nourri et logé le Monsieur, les dix jours qu'il est resté au pays ; et à présent mon garçon voit clair et peut travailler.

—Ah ! dit un autre, sans elle, ma Jeannette serait morte de chagrin, elle avait manqué, la

pauvre enfant, avec le fils à Thomas, et celui-
ci qui est un richard ne voulait entendre à
rien ; mais parce que la bonne dame a doté
ma fille de trois cents francs, il a consenti
au mariage et ça fait un ménage du bon Dieu ;
car Jeannette est une excellente ménagère et
une brave femme sur laquelle il n'y a rien à
dire à présent, et que tout le village regarde
bien , au lieu que sans cela on l'aurait montrée
au doigt, et que mon pauvre petit Jean n'aurait été qu'un abandonné , et qu'un bâtard.

Un riche fermier éleva la voix.—Voilà, dit-il
en en montrant un autre, mon meilleur ami.
Eh bien ! sans cet ange de paix, que nous pleu-
rons, nous nous serions coupé la gorge. C'est
elle qui nous a amenés à de plus doux sentiments et nous a réconciliés.

— Moi, dit un ouvrier, j'étais sur le point
d'avoir un procès avec mon voisin, et si tour-
menté que depuis huit jours je ne pouvais plus
ni manger, ni boire, ni dormir. Le matin
encore, j'avais dit à mon procureur que plutôt
que de céder, j'étais résolu à vendre ma dernière chemise. En allant livrer un meuble à

la bonne dame, je lui ai conté la chose et je
ne sais comment elle s'y est prise, mais après
l'avoir entendue, il m'a quasiment semblé que
c'était moi qui avais tort, et je suis allé
demander à Roger de nous arranger. Il ne le
voulait point non plus, elle l'a fait venir, et lui
aussi quand il l'a eue entendue, il l'a bien
voulu, et dès le soir, nous avons mangé,
dormi et été contents.

Un jeune garçon de quinze ans vint tout en
larmes, et s'étant agenouillé sur la terre fraîche remuée, s'exprima ainsi :

Je suis orphelin, j'avais été confié à mon
oncle, maître ramoneur, qui me battait tout
le long du jour, souvent jusqu'au sang, et en
outre, me faisait mourir de faim. Un jour,
qu'il m'avait plus maltraité, je m'enfuis et lui,
pressé de partir, et craignant qu'on ne l'arrêtât
si j'étais mort, m'abandonna. La nuit venue,
je me couchai sous un porche. La bonne
dame passa là, me vit, me fit des questions,
et sur mes réponses, me dit de la suivre à son
logis. Elle m'y a gardé un mois à me rétablir,

8

après quoi elle m'a mis chez un tailleur pour apprendre son état, sous condition de me laisser aller à l'école deux heures par jour, à l'église tous les dimanches et chez elle un petit moment quelquefois. Ma chère dame, ajouta le jeune orphelin, dont les sanglots redoublèrent, le patron que vous m'avez donné m'apprend à gagner ma vie, le maître que je vous dois à lire dans les livres et à devenir savant; mais, qui donc m'apprendra jamais comme vous à aimer Dieu et à être bon?

Après ce jeune homme si affligé, l'on en vit approcher ensemble cinq autres d'âges différents. C'étaient aussi des enfants privés de ceux qui leur avaient donné le jour; l'aîné pouvait avoir vingt-deux ans, le plus jeune sept environ; ils avaient tous l'air décent, recueilli, et étaient proprement couverts. Le plus âgé dit au peuple :

« Vous voyez comme notre négoce réussit, et que nous ne devons plus rien à personne. Il y a quelques années, c'était autrement. Comme nous sommes fils du même père, mais de trois lits différents, nous ne pouvions nous souffrir, et passions la moitié du temps à nous quereller. Un jour, le bon Dieu amena la bonne dame faire chez nous quelques emplettes. Nous étions précisément à nous disputer, et chacun, la prenant pour juge, lui fit des autres mille plaintes, et ajouta qu'il voulait s'en séparer. Alors elle me prit la main, et, me faisant en considérer la structure avec attention, me demanda si je pensais qu'elle serait plus belle et me rendrait plus de service avec quatre doigts. — Non, lui dis-je. — Et avec trois? — Moins encore. — Et s'il n'y en avait que deux? — Il est beaucoup de choses qu'on ne pourrait exécuter. — Et dans le cas où il n'en resterait qu'un seul? — On ne pourrait, à peu près, rien faire du tout. — Eh bien, mes enfants, nous dit-elle alors, des frères et des sœurs, ce sont les doigts de la main. » Depuis ce jour, elle n'a cessé de nous voir de temps à autre, de nous aider de ses conseils, et a si bien pris l'habitude de nous appeler *pouce*, *index*, *annulaire* et *petit doigt*, que les noms nous en sont restés dans le village.

— Ah! s'écria le *grand doigt*, (celui des frères qui portait la parole pour tous les autres), poétise en ce moment par sa profonde douleur, chère dame, voilà la main tout entière ; mais il lui semble qu'elle est séparée du corps, et que désormais elle ne fera plus que languir et se dessécher.

A peine avait-il achevé qu'une femme, écartant la foule, s'approcha et dit :

— Si tant d'autres lui doivent l'aisance, la paix ou la vie, mon mari lui a dû la liberté. Il était en prison pour une dette, je suis allée la trouver et lui ai conté la chose. — «Ma pauvre femme, m'a-t-elle dit, je vous plains du fond de l'âme ; mais votre mari est un dépensier, et ne pouvant faire tout ce que je voudrais, je me réserve pour ceux dont le malheur ne vient pas de leur inconduite. » — Je baissai la tête et m'allais retirer, continua cette femme, se retournant vers mademoiselle de la Hautière, lorsque votre bonne est arrivée vous tenant entre ses bras ; on aurait dit un petit ange ; une idée me vint : Chère dame, dis-je, mon mari se rangera, il le promet, ayez pitié de nous, je vous le demande au nom de cette chère petite créature, et je suis sûre que si elle le pouvait, elle vous le demanderait elle-même. Vous avez je ne sais comment fait un petit signe, et votre maman, ne pouvant y résister, a ouvert son secrétaire et m'a dit : Je prierai Dieu pour que votre mari se corrige; prenez ceci, c'est ma fille qui vous le donne ; ce jour commencera ses *éméréphides*, un grand mot que je n'ai point compris du tout, mais dont je me suis bien souvenue toujours. Il faut bien croire que la chère dame était une sainte à laquelle le bon Jésus n'avait rien à refuser, car mon pauvre défunt de ce moment est vraiment devenu un bon sujet.

Et en finissant, elle se baissa, prit un peu de la terre qui entourait le cercueil, et l'ayant serrée dans un papier, la mit dans son sein.

Un grand nombre d'autres personnes l'imitèrent, et ce ne fut plus qu'un concert de gémissements, au milieu desquels on ne pouvait distinguer que ces mots répétés de toutes parts : Nous avons perdu notre mère à tous, notre providence visible n'existe plus. Pourquoi meurent-ils ceux qui sont si bons aux pauvres gens comme nous ? Nous avons perdu notre mère à tous, notre providence visible n'existe plus.

Du sein de cette foule désolée, une voix s'éleva. C'était celle d'une pauvre octogénaire :

— Que faites-vous, s'écria-t-elle ? La douleur vous égare-t-elle à ce point d'oublier le trésor que vous possédez pour celui qui vous a été ravi ? Cette bonne dame n'est pas morte toute entière, et tant que sa fille nous restera, nous n'aurons perdu d'elle que la moitié. N'est-elle pas aussi notre providence ? De même que sa mère était celle de tous nos enfants, n'est-elle pas ici la fille de tous les vieillards ? N'est-ce pas elle qui va les soigner et les consoler ? leur faire la lecture ? qui, l'hiver, leur porte de chauds vêtements, et l'été du linge frais ?

A ces mots, qui rencontraient de l'écho dans tous les cœurs, ce fut à qui s'approche rait de Blanche le plus près ; à qui baiserait ses mains, le bas de sa robe, le bout de ses pieds. à qui lui témoignerait, enfin, combien elle lui était chère, combien elle l'était à tous.

Cette scène imprévue, cet enthousiasme, ces improvisations naïves, firent verser à Blanche des torrents de larmes. Le murmure insensé mourut dans son cœur, et il n'y resta qu'un désir immense de se montrer la digne fille d'une mère pareille et de continuer son existence. Elle en prit sur sa tombe la résolu- tion, et toute son ambition fut, de ce moment, de mériter à son tour le nom que les malheu- reux lui avaient donné.

Elle ne voulut point d'autre épitaphe. En vain la famille du duc lui en proposa-t-elle une fort noble, où madame de la Hautière était louée dignement ; en vain M. d'Hénin , de son côté, lui en soumit-il une plus simple, mais plus touchante ; celle que les pauvres avaient faite sur son cercueil lui parut la préférable.

A l'égard d'un mausolée, la duchesse tenait à ce qu'il en fût élevé un magnifique, et Blanche ne savait si elle devait s'y opposer ou y consentir. La première lettre d'ou tre - tombe termina ses hésitations à ce sujet. Elle y en trouva la défense formelle, et vit que le monument que sa mère souhaitait qu'on lui érigeât était d'une autre espèce et plus durable. Madame Marsolier disait à sa fille que, pensant que sa nouvelle position allait lui permettre d'exercer la bienfaisance sur une plus large échelle, elle la priait de doter chaque année deux jeunes filles pauvres, et qu'il lui semblait que c'était entrer dans les vues de Dieu et de la nature, qui partout s'entendent pour faire sortir la vie de la mort.

Blanche se borna donc à faire élever une simple colonne tronquée de marbre noir, surmontée d'une humble croix et sur laquelle on grava pour toute inscription : *La bonne dame*.

Dès ce jour, dit-elle, la mienne est faite. Lorsque je viendrai reposer à ses côtés, on

mettra sur ma tombe ces deux mots : *Sa fille.*
Quelque chose que je puisse valoir ou devenir,
ce sera toujours là mon plus noble titre, celui
par lequel on pourra le mieux m'honorer.

Cependant la scène attendrissante du cime-
tière avait, en rouvrant la source des pleurs,
amené un état plus favorable au repos, et le
soir de la triste cérémonie, pour la première
fois depuis quatre jours, elle s'assoupit. Mais
une heure ne s'était pas écoulée que, rouvrant
les yeux, elle se dressa sur son séant, éperdue,
passa la main sur son front, rassembla ses
souvenirs, se demanda si elle n'était pas en
proie à un horrible cauchemar; puis, trop
certaine du contraire, elle jeta un cri déchirant, et Marianne, qui était couchée sur un
matelas au pied de son lit, s'étant éveillée et
cherchant à la calmer, elle eut dans ses bras
un nouvel accès de désespoir.

De ce premier réveil il lui demeura de si
terribles appréhensions du second, qu'elle
voulut le retarder tant qu'elle pourrait, et
chercha, par tous les moyens imaginables, à

ne se pas endormir afin de ne se pas réveiller. Laissez-moi, disait-elle à ceux qui tâchaient de la faire renoncer à ce dessein, et lui remontraient ce qu'il avait de bizarre. Le jour, je commence à me familiariser avec mon malheur, il est là, je le vois sans cesse, je le sens toujours, et à force de prières, de raisonnements et d'efforts, je m'y soumets; mais rester un temps sans l'envisager, un temps sans en sentir le poids, et tout à coup le voir se dresser devant moi, inexorable, le sentir retomber sur moi de toute sa pesanteur, voilà ce qui est affreux, ce que je cherche à éviter à tout prix.

Ce ne fut que beaucoup plus tard et lorsque le temps eut émoussé les pointes de cette terrible douleur, que mademoiselle de la Hautière cessa de redouter le sommeil. Longtemps encore celui que tant d'autres infortunés appellent de tous leurs vœux en fut repoussé, longtemps encore elle le considéra comme son ennemi le plus redoutable.

Elle se disait bien que Dieu réprouve les tristesses immodérées, elle savait que celui qui a défendu de se coucher une seule nuit sur sa colère ne veut pas non plus que l'on s'endorme neuf fois sur son affliction ; mais elle se disait et savait aussi que Rachel n'a pas voulu être consolée parce que ses fils n'étaient plus, et elle trouvait que la perte d'une mère est non moins grande et bien plus irréparable.

Elle ne refusait plus toutefois les consolations que lui offraient ses amis. Et bien qu'elle ne les goutât pas encore, elle en était venue à les recevoir avec patience et douceur, et même avec reconnaissance.

Tel un vaisseau muni d'armes de toutes sortes, de provisions de toute espèce, assailli à l'improviste par l'orage, voit ses bagages se disperser sur les flots, mais à mesure que le temps se rassérène, ramène à lui, par ses efforts réitérés, et ceux que le vent à dispersé sur la grève et ceux qui flottent sur l'onde encore agitée.

Telle l'âme de Blanche, assaillie par la tempête, avait vu plusieurs de ses aimables qualités loin d'elle emportées par l'ouragan ; mais les premiers moments passés, ses efforts aussi ont su les ravir au fléau dévastateur.

Elle fit ce que lui avait dit sa mère, elle se cramponna à la croix, et les flots de la douleur passèrent sur sa tête, mais ils ne la submergèrent point, et le flambeau de la Foi vacilla en elle, mais il ne s'éteignit pas.

Ah! d'ailleurs qu'on le sache bien, ces ondes amères ne passent point en nous en vain. Elles dévastent ou fécondent, et plus souvent font l'un et l'autre à la fois, détruisant dans notre cœur certains germes trop faibles, trop délicats, et y en développant qui, sans leur séjour, y fussent restés enfouis à jamais. C'est ainsi qu'elles firent éclore en celui de Blanche l'ardeur, le besoin du dévouement, plante que Dieu sème, il est vrai, à profusion dans celui de tout son sexe, mais qui ne croît que dans peu et ne mûrit que dans quelques-uns seulement. C'est ainsi encore qu'à mesure que celle-ci grandit, se fortifia, fleurit, une autre languit, se décolora et y mourut. Mademoiselle Marsolier perdit confiance dans le terrestre bonheur, et je ne sais quelle voix plaintive vint souvent bourdonner à son oreille qu'elle n'était pas destinée à en jouir.

Même, désormais, quel qu'il eût été, il lui eût paru incomplet, elle ne souhaitait point mourir parce que la raison lui était revenue et qu'elle concevait que sa tâche était loin d'être achevée; mais il lui semblait n'exister plus qu'à demi.

Je suis, disait-elle, semblable à ces jeunes poitrinaires qui vivent privés d'un de leurs poumons et sentent sans cesse un vide affreux dans leur sein. Vous étiez vraiment, ô ma mère! une partie intégrante de mon être; vous m'étiez aussi nécessaire que l'air que je respire!—Mais c'était à elle, c'était seule, qu'elle tenait de tels discours; elle eût craint que tout autre l'eût taxée d'exagération, ou même que l'on eût pensé qu'il entrait de l'ostentation dans ses regrets.

Si là dessus il y avait quelques personnes avec lesquelles elle ne se contraignît point, c'était non Arthur ni sa mère, mais la vieille

Marianne et M. d'Hénin. Avec eux elle osait penser tout haut, pleurer à l'aise, parler avec liberté. Ils n'étaient jamais las de ses redites, jamais importunés de ses pleurs. Ce qu'elle disait, ils le comprenaient si bien; ce qu'elle sentait, ils le sentaient si bien aussi; c'était comme trois voix de timbre et de genre tout différent, mais qui s'accordaient toujours; triste harmonie où pas une note ne détonnait.

Non pourtant que j'aie l'intention d'insinuer qu'Arthur ne regrettait pas madame de la Hautière, lui aussi l'aimait et avait été fort affecté de sa mort; mais son caractère le rendait plus propre à comprendre l'intensité que la continuité de la peine, et voyant persister celle de Blanche, il s'en blessa et devint jaloux de celle qui n'était plus.

D'abord il se voulut cacher à lui-même un sentiment si bizarre; puis, contraint de se l'avouer, il tâcha du moins d'en dérober à Blanche la connaissance; puis, entraîné par cette passion étrange à laquelle il ne s'était pas opposé dès son début, il finit par éclater en reproches sur une douleur et des regrets qu'il taxait d'être excessifs, immodérés.

— Je crois, lui dit mademoiselle de la Hautière avec une extrême douceur, que non-seulement mon chagrin est excusable et naturel, mais encore qu'il est raisonnable et légitime. N'est-il pas juste que les regrets soient proportionnés à la perte? Quant à l'exaltation dont vous m'accusez, en quoi, mon ami, m'en suis-je rendue coupable? Loin de rejeter les distractions, je vais au-devant; mais permettez moi de croire que mieux que personne je sais ce qui peut en être pour moi?

Combien pensent m'en procurer d'agréables qui ne m'en offrent que d'importunes; l'étude et le travail, voilà les seules que je puisse goûter encore; il me semble même que cela sera toujours; mais je connais l'instabilité de de nos vœux, de nos pensées : si je me trouve en d'autres dispositions, je vous en ferai part avec autant de franchise. Peut-être est-ce vous qui avez raison, et moi qui suis dans l'erreur ; peut-être, en effet, viendra-t-il un jour qui ramènera la gaîté dans mon esprit, et où je retrouverai ce goût des plaisirs qu'on a ordinairement à mon âge ; et, tenez, dès à présent même, je veux vous montrer que c'est mal à vous de vous plaindre de moi, et que je fais ce que je puis ; mettez-vous là, je vais essayer de vous chanter une romance ; laquelle voulez-vous ?

Et comme Arthur n'en désigna point, elle ouvrit le livre au hasard.

La première qui lui tomba sous les yeux fut celle de l'Orpheline ; elle la passa, sentant qu'elle ne pourrait en prononcer un seul mot, ferma le livre, le rouvrit à une autre intitulée la Bonne mère, qu'elle passa plus vite encore, et s'arrêta enfin à un troisième morceau, qui avait pour titre l'Ange gardien, duquel elle chanta assez courageusement le premier couplet ; mais au second, dont elle ne put se défendre d'adresser mentalement les derniers vers à celle qui avait été le sien visible ici-bas, sa voix s'amollit, et au troisième elle s'éteignit dans les sanglots.

M. de Bellingua ne put résister au trans-
port qui le saisit, et lui dit durement : — Blanche, si je venais à mourir, que feriez-vous ?

Elle demeura stupéfaite, ne comprenant
point qu'il se comparât à sa mère. Si elle eût
pu lui répondre, sans doute c'eût été d'une
façon peu obligeante ; mais ses pleurs, en la
suffoquant, l'en empêchèrent, et quand elle le
fit, la réflexion était survenue, et ce fut en
termes plus modérés.

Néanmoins, ils se quittèrent froidement, et,
lorsque, le lendemain, Arthur vint prendre
congé, car c'était ce jour là qu'il devait rejoindre son régiment, Marianne lui ayant dit
que Blanche était dans un bosquet du parterre,
il y alla, et à sa vue, l'amour l'emportant sur
le dépit et l'orgueil, il se jeta à ses genoux et
lui demanda humblement pardon de ses paroles et de son emportement de la veille.

Blanche, de son côté, avait eu le temps de
se calmer, elle lui tendit la main et lui dit :

— Mon ami, comment ne vous pardon-
nerais-je pas, quand moi-même j'ai tant be-

soin d'indulgence ; j'y ai repensé, et trouve toujours injuste et inconcevable, pour ne pas dire extravagant, que vous soyez jaloux d'une ombre, et surtout, non de celle d'un mari ou d'un amant, mais d'une mère. Cependant, pourrais-je vous condamner et vous taxer d'égoïsme, lorsque, m'étant examinée, j'ai trouvé en moi quelque chose de plus réprouvable peut-être.

Vous êtes jaloux ; je suis envieuse. Oui, Arthur, je ne puis plus voir une fille près de sa mère sans que cet aspect ne me jette dans le trouble et n'augmente ma douleur. J'ai fait comme vous, j'ai fui les lumières de ma conscience, et bientôt ce coupable sentiment a fait des progrès.

Mais vous ne devineriez jamais ce qui m'a subitement éclairée, et ce qui me reste à vous confesser est ce qui m'afflige et m'humilie le plus. Vous savez que madame de Courcelle est veuve, mère d'une seule fille, et qu'elle vient d'avoir, ou plutôt a dans ce moment, une fièvre maligne qui, trois semaines, a mis ses jours en péril; mais, vous ignorez peut-être que d'hier tout danger a disparu, et ce dont vous vous douteriez bien moins encore, c'est qu'en apprenant cette nouvelle ce matin, ce n'est pas du plaisir que j'en ai senti,

— Vous vous calomniez, Blanche, dit Arthur; je vous connais mieux que vous, et suis sûr que, malgré ce que vous dites, il est peu de choses que vous n'eussiez faites pour rendre cette dame à son enfant. — Cela est vrai, dit mademoiselle de la Hautière; mais ce que je viens de vous dire ne l'est pas moins.

— Alors, reprit M. de Bellingua, il faut y voir une des mille contradictions de notre cœur. Plutôt, répliqua mademoiselle Marsolier, la preuve de l'antagonisme de l'homme. Sa vie n'est qu'un perpétuel combat; malheur à celui qui croit avoir rencontré la paix et s'endort dans une trompeuse sécurité! — Blanche, dit encore Arthur, je ne saurais être là-dessus de votre avis; moi, je crois à la bonté naturelle.

En ce moment, Ralph, le lévrier de M. de

Bellingua, accourut à lui, lécha ses mains et lui fit, de même qu'à mademoiselle de la Hautière, toutes sortes de caresses. Arthur le regarda d'un air pensif, et le flattant de la main, il dit à Blanche :

— Croyez-vous aussi que ce chien ne soit pas bon ?

— Si, répondit-elle ; il est bon comme le tigre est méchant ; c'est leur nature. L'un et l'autre sont toujours en repos avec eux-mêmes. Croyez-vous que le premier hésite avant de vous déchirer ? qu'après il s'en repente ? Pensez-vous que si le second expose ses jours pour sauver les vôtres, il en ait ensuite cette joie intime, ineffable, qu'un de vos semblables en éprouverait ? que le reste de son existence, que le lendemain même, il en garde le souvenir ? Non, tous les deux obéissent à leur impulsion, et comme il n'y a point pour eux la souffrance du combat, il n'y a point le plaisir de la victoire. L'homme seul, de tous les êtres créés, est en guerre avec lui-même ; et sa vie est, je le répète, une lutte de tous les instants.

— S'il en était ainsi, reprit le jeune duc, notre espèce serait de toutes la plus misérable. Mais vous soutenez, chère Blanche, une thèse que votre éloquence ne saurait faire triompher : d'ailleurs, vous êtes une preuve vivante du contraire, et, dussé-je vous accorder que ce que vous dites soit vrai pour le genre humain tout entier, je ne le pourrais par rapport à vous. Et, de même qu'il se trouva autrefois que la justice, exilée de la terre entière, s'était réfugiée chez le seul Noé, je croirais encore que la bonté, bannie du reste du monde, a trouvé un asile dans votre cœur.

—Laissons, dit Blanche d'un air attristé, de vaines flatteries. Vous me marquez depuis longtemps assez d'estime pour ne m'en faire ni de ma figure, ni de mon esprit ; celles-ci seraient bien autrement pernicieuses pour moi. Ce que j'ai avancé, je le maintiens. *Dieu seul est bon ;* un seul homme le fut, Jésus-Christ. Mais si l'homme n'est pas *bon (au moins ce terme pris à l'absolu)*, il peut être plus, *vertueux*. Si noble prérogative, qu'il me semble que de ce côté la créature peut faire envie au Créateur. Employons à le devenir l'année de notre séparation. Je tâcherai que le bonheur d'autrui ne blesse plus mes regards. O Arthur, tâchez de n'être plus jaloux de ma mère ! »

En achevant ces mots, quelques larmes brillèrent aux longs cils de Blanche, et Arthur, l'étreignant sur son cœur brûlant, les but de ses lèvres passionnées.

Comme ils regagnaient la maison, quelques branches d'arbres obstruant l'allée où ils s'étaient engagés, Arthur se mit en devoir de les écarter, et, en le faisant, il fut frappé de la beauté singulière d'une rose blanche toute couverte de pluie, et sur laquelle chaque goutte d'eau pure et limpide étincelait au soleil comme des diamants. Il eût été impossible, même à des regards indifférents, de ne pas voir dans cette charmante fleur ainsi baignée de la rosée du matin l'image de cette charmante jeune fille, sur les joues de laquelle brillaient encore les précieuses larmes que l'ombre d'une faute avait fait couler, et celles, presque non moins saintes, que lui coûtait le souvenir de sa mère.

Oui, précieuses larmes que celles du repentir! car elles viennent d'en haut; c'est la rosée purifiante et céleste. Oui, larmes saintes que celles de la piété filiale! car la source en est sacrée, et elles ne sortent que du plus profond du cœur!

Mais si tout autre eût fait cette comparaison, comment eût-elle pu échapper à un amant? Ses yeux charmés allaient sans cesse de la fleur à la jeune fille, de la jeune fille à la fleur, et s'approchant de celle-ci qu'il voulait cueillir, et emporter en souvenir de ce moment, il souffla dessus pour faire tomber l'eau dont elle était surchargée. Mais son haleine fut pour la plante un vent impétueux, ses blancs pétales, dispersés soudain par cet ouragan, allèrent joncher le gazon de toutes parts, et la tige seule lui demeura dans la main. Il en tressaillit, y voyant quelque sinistre présage. Quant à Blanche, frappée d'une autre pensée, elle dit mélancoliquement à son ami :

— *Arthur, l'air eût peu à peu séché cette rose, il est des pleurs qu'il faut laisser essuyer à la main du temps.*

L'absence de son fiancé ne produisit pas sur mademoiselle de la Hautière l'effet que l'on pourrait supposer, et que peut-être elle avait craint la première. A beaucoup d'égards les maux de l'âme ressemblent à ceux du corps, on n'en peut éprouver deux pareillement, et la mort de sa mère était une blessure trop fraîche, trop saignante encore pour que nulle autre douleur y fît diversion.

Elle trouva même les premiers jours une sorte de contentement à pouvoir se livrer à son affliction; non cependant d'une façon lâche et molle qui l'eût soustraite à ses occupations charitables, mais, au contraire, en s'y consacrant entièrement.

Elle avait annoncé tout de suite l'intention formelle de ne se marier qu'à l'expiration de son deuil. Elle déclara également que jusque-là elle ne voulait voir personne, et pria même la duchesse de trouver bon qu'elle ne lui rendît ses devoirs que rarement, et les seuls jours où elle ne recevrait pas.

Du reste, si nulle mère ne fut regrettée à l'égal de madame Marsolier, quelle mère jamais mérita autant de l'être?

Chaque jour l'inconsolable orpheline trouvait de nouveaux motifs à ses larmes. Chaque jour lui apportait de nouvelles raisons de penser que celle à qui elle devait la vie était une de ces créatures d'élite dont le Ciel est le plus parcimonieux. Il naît cent héros contre un homme de bien, mille femmes d'esprit contre une de sens. Mais la véritable *femme forte* est entre tous le trésor le moins commun, celui que l'Écriture nous dit elle-même plus rare que les perles et que l'or.

Or, madame Marsolier avait été cette *femme forte*, si difficile à rencontrer, et chose non moins admirable peut-être encore, cet amour de la vertu qu'elle avait transmis à sa fille avec son sang; cette passion du devoir qu'elle lui avait fait sucer avec son lait; ce soin de domp ter, de soumettre la nature qu'elle lui avait en quelque sorte inoculé ; en un mot, cette rigidité dont pour elle-même elle ne s'était jamais départie, n'avait rien ôté à son indulgence, rien diminué de sa tendresse, et loin d'être une femme sèche et une mère froide, elle s'était au contraire montrée toujours, ou plutôt avait constamment été, en effet, la plus sensible des créatures et la plus tendre des mères.

Hélas ! je l'ai dit, quel moment n'en apportait à sa fille de nouvelles preuves, ne lui démontrait surabondamment que sans cesse elle avait été présente à la pensée maternelle.

C'est de ma mère, se disait-elle, c'est d'elle surtout qu'on a pu dire avec vérité : *il y a un but à tout ce qu'elle dit, à tout ce qu'elle fait, à tout ce qu'elle pense.*

Et Blanche n'exagérait point. Si madame Marsolier lui avait confié une partie des bonnes œuvres qu'elle avait faites, c'est qu'il fallait lui donner de saints exemples et l'y faire participer ; si elle lui en avait tû une plus grande, c'est qu'elle s'était réservé d'offrir à

Dieu quelques fleurs dont nulle créature n'eût respiré le parfum. Mais dans ses bienfaits même qu'elle lui avait célés, Blanche comprenait qu'elle l'avait eue en vue encore, puisque récemment elle avait fait cette découverte, que pour les plus importants elle avait choisi non le jour de sa naissance, mais le sien ; soit que le marquant de la sorte, elle visât à attirer plus de grâces sur son enfant, ou que ce fût sa manière de remercier Dieu du présent le plus cher qu'il lui eût fait.

Mais comme si tout cela même eût été trop peu, de chaque lettre posthume jaillissait encore une lumière qui montrait à Blanche, une facette, jusque-là restée dans l'ombre, du précieux joyau qu'elle avait perdu. Et elle en vint enfin à penser que de quelque retour qu'elle eût payé une telle mère, elle était en reste et ne l'avait point aimée assez.

Un jour que, dans cette disposition d'esprit et méditant sur une de ses missives, elle se promenait dans le jardin, la vue du puits placé à l'extrémité éveilla en elle le souvenir d'un ouvrage qu'elle avait lu dans son enfance, et où une foule d'individus interrogés par un passant sur le motif qui les fait jeter dans un gouffre divers objets, leur répond que c'est pour en connaître la valeur. — O ma mère! ma tendre mère! s'écria-t-elle, est-il donc vrai qu'il faut perdre ce qu'on possède pour en savoir tout le prix! Et s'étant rapprochée du puits, cause première de ces tristes réflexions, elle s'appuya à la margelle, se pencha sur l'orifice et demeura immobile, trouvant du soulagement, presque du plaisir à aisser au fond couler ses pleurs.

Puis enfin se relevant : Mon Dieu, dit-elle, faites qu'il n'en soit pas ainsi des jours que vous me donnez, que je n'attende pas pour comprendre ce qu'ils valent qu'ils soient tombés dans l'abîme sans fond de l'éternité !

C'est ainsi que toute chose était pour Blanche une occasion de gémir sur son malheur ; mais que toute chose aussi lui en était une de prendre de généreuses résolutions.

La fille s'abattait souvent.

La chrétienne la relevait toujours.

Elle écrivit à son fiancé qu'elle désirait qu'il consacrât ses loisirs à peindre une suite de petits tableaux où seraient représentées les principales bonnes œuvres de sa mère ; qu'elle lui enverrait quelques pages de texte propres à les lui faire comprendre aisément, et que, plus tard, elle se proposait de réunir afin d'en faire un volume qui, si le Ciel leur accordait des enfants, appartiendrait à l'aîné.

Arthur s'occupa activement de mettre ce dessein de Blanche à exécution, et, trois mois après, il lui expédia les premiers de ces tableaux, qu'elle fit aussitôt placer dans une salle préparée pour cet usage, déjà à moitié remplie d'objets qui, à des titres différents, avaient été chers à madame Marsolier.

Cette pièce fut tendue mi de noir, emblème de deuil, mi de vert, symbole d'espérance ; le portrait de celle à qui elle fut consacrée y occupa l'endroit le plus apparent, et elle devint ainsi une espèce de temple élevé à la piété filiale, où Blanche prit l'habitude de venir

régulièrement le matin avant de commencer
sa journée, d'entrer le soir avant de la terminer, et de lire chaque lettre d'outre tombe.
La troisième qu'elle décacheta lui révéla un
mystère que non-seulement elle avait toujours
ignoré, mais dont même elle était si éloignée
de se douter, que ce fut la chose du monde
qui l'étonna le plus.

Sa mère lui avait, en quelque sorte, toujours semblé hors des faiblesses de l'humanité. Les sentiments qu'elle avait pour elle
tenaient de ceux qu'on a pour la Divinité :
c'était un culte ; peu s'en fallait qu'elle ne la
crût immaculée.

Ce fut donc avec une extrême surprise
qu'elle apprit qu'elle avait aimé deux fois dans
sa vie ; que ce cœur qui l'avait chérie si ten-
drement, qu'elle avait cru à elle, rien qu'à
elle, avait battu pour un autre.

D'abord, elle en ressentit une vive douleur ; mais bientôt, revenue à l'équité, elle
se dit que, puisque madame Marsolier avait
eu assez de tendresse pour lui sacrifier cet

amour, et assez d'empire sur elle-même pour que ni elle, ni l'objet de sa passion, ne l'aient jamais soupçonnée, sa reconnaissance et son affection devaient s'en accroître, au lieu de s'en affaiblir. Dès qu'elle se fut placée à ce point de vue, elle se reprocha les premiers mouvements dont elle n'avait pas été maîtresse, et ce fut avec une pieuse vénération qu'elle relut les lignes qui la première fois l'avaient si péniblement agitée.

— Ma fille, lui disait madame de la Hautière, j'ai cru longtemps qu'on ne pouvait aimer qu'une fois ; M. d'Hénin m'a fait connaître mon erreur ; mais cet homme vous aimait, vous souhaitait pour femme, et plus j'étais convaincue de son mérite, auquel nul autre ne me semble à comparer, moins je devais vous laisser voir des sentiments qui vous auraient entièrement détournée de répondre à ses désirs. Il est vrai que jamais vous n'avez eu que de l'amitié pour lui, et que bientôt vous en avez aimé un autre ; mais je voyais tant d'obstacles à vos vœux que je pensais que vous

vous berciez de chimères, et d'ailleurs, je m'i-
maginais que tôt ou tard vous reviendriez à
cet ami si parfait, trop peu apprécié de votre
jeunesse.

Enfin, mon enfant, quand plus tard votre
mariage a été sur le point d'être conclu, j'ai
été soutenue par le sentiment de ma propre
dignité. Hélas ! l'histoire de Pyrrhus est celle
du genre humain.

A cette seconde lecture, d'autres mouvements s'élevèrent en tumulte dans l'âme de
Blanche ; de ce jour, elle vit M. d'Hénin d'un
autre œil, et sa présence excita en elle des
émotions qui eurent cela de singulier, que
tantôt elles lui étaient favorables, tantôt con-
traires : il y avait des instants où la pensée
que sa mère avait eu pour lui de l'amour le
lui rendait plus considérable et plus cher, et il
y en avait d'autres, où celle qu'il avait été
aimé d'une telle femme sans l'avoir payée
de retour, lui en faisait un objet de répugnance
et d'antipathie. Elle lui en voulait sérieusement d'avoir pu la préférer à sa mère : elle

trouvait que cela était incompréhensible, et ne finit par lui pardonner qu'en raison de l'extrême chagrin qu'il eut de sa perte, et que, parce qu'ainsi que je l'ai dit, c'était avec lui qu'elle la pleurait, y pensait et en parlait le plus.

Mais que ne peut sur les blessures de notre âme, le temps aidé de la raison et de la foi? Celle de Blanche se cicatrisait, quoique lentement et bien que souvent, elle se rouvrît tout à coup. Dans un moment où je ne sais quelle circonstance avait produit cet effet, elle alla s'enfermer au salon vert, et y lut la dixième lettre d'outre tombe.

— Ma fille, y était-il dit, je vais mettre sous vos yeux une triste vérité : tant qu'ils ont été trop faibles, je les en ai détournés ; mais le temps est venu de les y fixer ; considérons-la donc en face aujourd'hui.

D'autres vous diront que tout prospère à l'homme juste et vertueux ; et moi je viens vous dire que, le plus souvent, c'est au contraire le méchant et le pervers qui réussissent, le vertueux et le juste qui succombent.

Que votre foi, pourtant, ne s'en ébranle pas, la mienne s'en est toujours raffermie, et je n'ai jamais cessé d'y voir un renversement qui me démontre une autre vie mieux que tout le reste. En effet, n'est-il pas vrai, ma chère enfant, que si la vertu avait toujours ici-bas sa récompense et le vice sa punition, il n'y aurait rien de trop choquant à penser que tout finisse à la mort? Mais que les choses étant au contraire arrangées comme elles le sont, le croire serait accuser l'être suprême de la plus révoltante iniquité. Et comme vous êtes convenue, ma fille, que la justice est l'attribut le plus inhérent, le plus nécessaire de l'éternel; celui même sans lequel il ne saurait tomber dans notre pensée, vous serez, ainsi que tout esprit droit, amenée à en inférer que ce désordre est la preuve la plus certaine de notre immortalité et de la rémunération de nos œuvres.

D'autres encore, se posant en esprits forts, vous soutiendront que le bien et le mal dont nous sommes l'auteur ont en eux leur punition et leur récompense.

Sans doute, la paix d'une bonne conscience est la chose qu'on doit désirer le plus, et le remords ce qu'il y a de plus à craindre ; mais il n'en est pas moins vrai que le juste éprouvé sur ce globe par tant de douleurs, a droit à un autre prix. Je leur concède toutefois volontiers ce point, que qui connaît les charmes de la vertu, fût-elle misérable, n'enviera jamais le vice fortuné.

Je vous dis ceci, mon enfant, afin que vous n'alliez pas vous imaginer que vous conduisant selon les règles de la sagesse, vous devez nécessairement être heureuse (suivant du moins ce que le monde est convenu d'appeler bonheur). Je vous le dis, pour que si Dieu, dans ses conseils, vous a réservée à quelque terrible épreuve, votre cœur se trouve prêt à la soutenir, et que vous soyez au niveau et même au-dessus plutôt qu'au dessous de votre sort. Je vous le dis enfin, pour que, s'il en arrivait de la sorte, vous ne m'accusassiez pas quelque jour peut-être de vous avoir peint la vérité de trop brillantes couleurs ; mais ce dont je puis également vous assurer, et qui tempèrera, je l'espère, l'austérité de ces paroles, c'est que quelque rigoureux que soit le devoir, il n'est loin de lui que troubles, chagrins et regrets ; que si vous vous en écartez pour suivre vos passions, vous ne trouverez que déceptions, et bientôt sentirez une amertume qui s'augmentera chaque jour ; qu'au contraire sur ses pas est le repos, et en lui une céleste douceur qui console de tout, et que chaque moment fait paraître plus ineffable.

Blanche avait senti son cœur se presser en lisant la première page. A la seconde elle respira plus librement. Il lui sembla que par un hasard providentiel il y avait du rapport entre le sujet traité dans cette lettre , et la situation où les choses qu'elle avait vues et entendues ce jour-là avaient jeté son esprit, et elle bénit celle qui, du haut des Cieux et du fond de son tombeau, lui continuait une si tendre sollicitude.

Nos missives à nos amis ont cela de commun avec nos songes, qu'elles sont un reflet de nos impressions journalières. Celles de Blanche à son fiancé avaient ce caractère plus qu'aucune autre ; aussi, lorsqu'elle lui écrivit le lendemain, ne put-elle s'empêcher de lui faire part de ce qu'elle avait éprouvé la veille à la lecture de la lettre de madame Marsolier, dont nous venons de rapporter quelques fragments, et elle y joignit ses réflexions personnelles sur ce qui en faisait la matière.

— Ma chère Blanche, lui répondit-il peu de jours après, vous êtes beaucoup trop raisonnable pour votre âge, j'aimerais mieux vous en voir les illusions et l'insouciante confiance ; à quoi bon analyser la vie si profondément ? à quoi bon surtout vous occuper de choses qui sont si peu de votre ressort ?

Les femmes ont des devoirs à remplir sans doute ; mais ces devoirs sont tous et faciles et doux ; aimer leur mari, chérir leurs enfants, embellir la société, voilà le sort auquel je les crois appelées ; ce sont, à mes yeux, des fleurs animées que la main du Créateur a, dans sa munificence, semées sur nos pas, laissez aux hommes les vertus hautes et pénibles ; en eux j'honore le courage et le civisme, je prise la stoïcité ; mais à chaque sexe Dieu départit des qualités différentes, et, je l'avoue, dans le vôtre ce sont les plus opposées à celles dont il gratifia le mien, qui m'attirent et me séduisent le plus.

Blanche fut affligée de cette lettre d'Arthur.

— Mon ami, lui dit-elle dans sa réponse, je ne vous le cache pas, c'est une peine pour mon cœur de sentir combien, sur certains points fondamentaux, nos opinions sont divergentes. Il y a du vrai dans ce que vous dites ; mais ce vrai me semble mêlé d'étranges sophismes. Quoi ! selon vous, c'est à l'homme seulement que le courage est nécessaire ! Je ne sais même si on devrait dire cela de la valeur ; et plusieurs personnes de mon sexe ont prouvé qu'à l'occasion elle ne lui fait pas défaut ; mais ici elle n'est point en cause ; c'est du courage qu'il s'agit, ne les confondons pas, s'il vous plaît.

Le courage est utile à tous, en toute position, en tout pays. Tout être en a besoin, puisque tout ce qui respire souffre ici-bas. A l'égard du civisme, je ne sais trop pourquoi nous n'y pourrions prétendre, et par quelle singulière contradiction vous admirez dans les femmes de l'antiquité le dévouement au bien public, l'amour du pays, et pensez qu'ils doivent nous être inconnus.

— Mais c'étaient des Romaines et des Spartiates.

— Eh bien! nous sommes des chrétiennes et des Françaises; sont-ce là de moindres titres qu'il vous semble? Ou nous supposez-vous donc incapables de les porter dignement?

Mais quand j'arriverais, mon ami, à vous concéder que les vertus éclatantes ne conviennent qu'aux hommes, combien nous serions loin de nous entendre, et que je suis peu disposée à penser que ce soient les plus difficiles et les plus grandes.

Mon sentiment sur cela est tout opposé, et

je regarde l'abnégation, l'oubli des injures, la longanimité, tous les obscurs dévouements, voire l'humble patience fort au-dessus.

Quant à la stoïcité, je vous en ferai bon marché, je vous assure; ce n'est, à mes yeux, qu'un fantôme, fils de l'orgueil, qui ne vaut ni de joûter en sa faveur, ni que l'on s'en glorifie. Je conviens sans honte comme sans détour, que nul ne ressent plus vivement que moi les douleurs de l'âme et les souffrances du corps, et loin de me targuer d'être impassible, je reconnais que de toutes parts je suis vulnérable; mais plus je me sens faible et dénuée, plus je sens le besoin d'un inébranlable appui, d'une impénétrable armure; c'est pourquoi j'ai pris la foi pour soutien et la croix pour bouclier. C'est mon égide; par moi rien que je puisse; par elle rien qui me semble impraticable. Mais, de même que le guerrier qui va combattre de redoutables ennemis ne néglige pas de joindre aux principales pièces de son équipement défensif d'autres de moindre importance; ainsi, tâché-je en outre de m'aider encore de tout ce que la raison et la philosophie peuvent m'offrir de secours.

— « Je suis trop raisonnable, dites-vous, et je ne vous aime pas assez. » Certes, ce sont là d'étranges reproches, et je crains bien qu'il n'y ait qu'à les retourner pour parler juste, ou du moins pour approcher plus de la vérité.

Cette lettre de Blanche fut l'une des dernières qu'elle écrivit à Arthur. Le mois d'octobre 1786 réunit les deux amants, et leur mariage fut de nouveau arrêté et fixé au 20 décembre suivant. Les agréments du jeune duc étaient encore, s'il se pouvait, augmentés de même que son amour; et comme ceux qui au commencement d'un voyage prennent assez sur eux-mêmes pour s'occuper des objets qui les entourent, puis à mesure qu'ils se rapprochent du but sentent croître leur impatience, et dans les derniers instants sont tout-à-fait incapables de la modérer, Arthur, à mesure qu'approchait le moment de son union avec Blanche, sentait redoubler ses transports, et quand il n'en fut plus séparé que de quelques jours il en éprouva une fiévreuse impatience qui lui ôta l'appétit et le sommeil.

De son côté, si ce qu'éprouvait mademoiselle de la Hautière était quelque chose de moins vif, ce n'était rien de moins tendre ; et comme malgré sa modestie et sa retenue elle pouvait s'y livrer en toute innocence, elle ne se faisait aucun scrupule de laisser l'heureux Arthur lire dans son cœur. Aussi n'était-ce plus sérieusement qu'il lui disait qu'elle ne l'aimait pas assez, et si quelquefois encore il lui arrivait de lui tenir ce langage, ce n'était plus que pour avoir ce plaisir de quereller et de se plaindre, particulier aux amants.

Le 16 décembre, il arriva dans la ville qu'ils habitaient une troupe d'écuyers qui, quoiqu'ils fussent loin d'approcher de ce que nous voyons aujourd'hui, ne piquèrent pas moins vivement la curiosité générale. Arthur vint dans la journée demander à Blanche, de la part de la duchesse, si elle désirait voir la première représentation, en lui faisant observer que, comme il n'y en aurait que fort peu, si

elle avait cette envie, elle ferait bien de la satisfaire, et qu'elle s'engageait à faire de façon
qu'elle vît tout sans être vue; ce qu'elle lui
faisait dire parce que l'étiquette s'opposait à ce
qu'une fiancée se montrât pendant la publica-
tion des bans.

Blanche accueillit favorablement la proposition que lui transmettait Arthur, et ils se mirent ensuite à causer, édifiant ensemble et à
qui mieux mieux, mille palais enchantés au
prix duquel celui d'Armide n'eût été qu'une
chétive habitation.

Blanche avait ce jour-là même quitté le deuil,
et bien qu'en noir, elle fut peut-être plus remarquable que de toute autre façon, le seul fait de la
voir différemment la fit paraître en ce moment
plus ravissante à Arthur, et il ne put s'empêcher de l'exprimer.

Chère amie, lui dit-il, vous rappelez-vous
ce qu'un jour vous m'écrivîtes étant en voyage,
au sujet d'un des plus beaux fleuves de France?
Je l'avais vu à Nantes, me disiez-vous, et son
aspect m'avait frappée d'admiration; je l'ai

revu à Tours et j'ai trouvé qu'il y étalait plus de charmes ; Saumur l'a offert à mes regards et m'y a montré de plus séduisants attraits. Eh bien ! je le vois ici aujourd'hui et le trouve plus beau, et il me semble le voir pour la première fois. Il en est de même pour moi, de vous, Blanche, c'est toujours comme je vous vois que je vous trouve le mieux, c'est toujours ainsi que je vous préfère. Que sera-ce donc quand je verrai votre front ceint du voile nuptial ? Tenez, quand je pense que c'est dans trois jours, je demeure accablé de mon bonheur !

Trois jours! — C'est pourtant encore long, cela ! savez-vous que cela fait soixante-douze heures !

— Oui, dit-elle, mais qu'est-ce au prix de deux mille huit cent vingt-deux jours ?

—Deux mille huit cent vingt-deux jours ! reprit Arthur, il y a deux mille huit cent vingt deux jours que je vous aime, que j'attends la félicité !

— Pas tout-à-fait, reprit Blanche en souriant, je vois que je les ai comptés mieux que vous ; c'est deux mille huit cent dix-neuf seulement, et lorsque j'ai parlé comme je l'ai fait, j'ai compris les trois qui restent à s'écouler.

— Ah ! reprit le duc, ce qui me rend le plus heureux c'est de penser que rien désormais ne saurait nous séparer ; il est vrai, ajouta-t-il, après un moment, qu'il y a la mort ; mais si elle peut m'arracher à vous, du moins elle-même ne peut vous arracher à moi, car je sens que mon âme suivrait la vôtre.

— Pourquoi vouloir primer en tout ? reprit mademoiselle de la Hautière. Cela est mal. Les femmes, monsieur, vous fussent-elles inférieures en tout le reste, seront toujours vos supérieures en amour.

Arthur, électrisé par ces mots si tendres, dits d'un accent qui en attestait toute la sincérité, saisit la main de Blanche, y colla sa bouche et l'attira sur son cœur ; mais elle le repoussa doucement, et il lui dit :

Chère amie, vous ne m'avez jamais accordé que deux baisers, ou plutôt depuis que je vous connais je vous en ai dérobé deux au milieu des larmes ; si près d'être époux, n'est-ce pas du rigorisme de me refuser une si légère faveur ?

Blanche jeta les yeux autour d'elle, et n'apercevant pas la vieille Marianne qui, le plus souvent, y filait quand elle était seule ou n'avait pas d'étrangers, elle se leva, prit une bougie, et ouvrant la porte du salon vert, elle dit à Arthur : *En présence de ma mère.* Ces seuls mots opérèrent en lui une révolution, et quand sa fiancée, aux côtés de laquelle il s'était placé sous l'image vénérée, inclina vers lui son front virginal, il y déposa un baiser si chaste, si pur, qu'il n'en altéra en rien l'angélique pureté.

Le lendemain madame de Bellingua eut la migraine, et une de ses connaissances se trouva gravement indisposée ; de sorte qu'il y eut pour elle un double empêchement d'assister à la représentation du soir. Elle passa chez mademoiselle de la Hautière lui faire ses excuses. Celle-ci crut à propos de l'accompagner chez l'amie malade où elle se rendait, et Arthur, qui était témoin de cet arrangement, comprenant qu'il ne pouvait d'aucune façon voir Blanche de toute la veillée, se laissa entraîner au Cirque par ses amis.

Ces dames trouvèrent la personne qu'elles visitèrent beaucoup plus souffrante qu'elles ne le pensaient. Le désir de voir le médecin, qui se fit longtemps attendre, les y retint jusqu'à une heure assez avancée, ce qui, joint à l'extrême chaleur de l'appartement, augmenta le mal de tête de la duchesse, et il en résulta qu'au lieu de remettre Blanche à sa porte, ainsi qu'elle en avait l'habitude, elle se fit conduire d'abord, et que le cocher ramena ensuite mademoiselle Marsolier. A peine celle-ci fut-elle entrée que Marianne accourant toute effarée, et les traits entièrement bouleversés, lui dit :

— Mademoiselle, ne vous saisissez pas, je vous en prie. Et comme Blanche, terrifiée, ne trouvait pas de voix pour lui répondre, elle ajouta : — *Ce n'est pas lui qui est mort, il n'est que blessé.* Et à ces paroles, mademoiselle de la Hautière sentit le froid d'un poignard qui lui perçait le sein, et elle s'évanouit.

Quand elle rouvrit les yeux, Arthur, pâle, défait, tremblant, était à ses pieds ; il tenait sa main, et ses regards en disaient mille fois plus que sa bouche n'aurait pu faire.

Le premier mouvement de Blanche fut de le repousser avec un geste d'horreur.—Ah ! malheureux, s'écria-t-elle désespérée, vous disiez hier que rien ne pouvait nous séparer ! vous aviez oublié le crime ! Et jetant sur lui, sur leur destinée, un regard épouvanté, elle referma les yeux, se détourna, et perdit de nouveau l'usage de ses sens.

Les secours qu'on lui prodigua, de rechef, l'ayant une seconde fois ranimée, et Arthur, s'obstinant à demeurer à genoux à son chevet, elle le conjura de fuir, prévoyant bien qu'il allait être poursuivi. — Ni ma maison, ni celle de votre mère, ne sont, lui dit-elle, des lieux sûrs pour vous; allez chez M. d'Hénin, il fera ce que dans la circonstance il y aura de mieux à faire.

— Blanche, dit Arthur, si je dois demeurer chargé du poids de votre haine, j'aime mieux rester ici et subir mon sort. Il me sera moins dur d'expier par la perte de ma vie ce que vous regardez comme un forfait, et que le monde, je l'espère, verra d'un autre œil; car je ne crois pas avoir manqué à l'honneur; mais vous me condamnez, cela suffit pour que je me condamne moi-même et déteste la malheureuse vivacité qui m'a entraîné si loin. Je conviens même que la cause était frivole, il ne s'agissait que d'une place que .. — N'importe, dit Blanche en l'interrompant, quel qu'ait été le motif, grave ou futile, nous sommes séparés à jamais.

Chrétienne, rien ne me fera prendre un homicide pour époux; et d'ailleurs, ma mère à son lit de mort... Lui en auriez-vous fait le serment, dit Arthur en pâlissant? Et comme Blanche, étouffée par les sanglots, ne répondit point, il jugea que cela était ainsi, et connaissant comme il faisait le caractère de mademoiselle de la Hautière, il la tint perdue pour lui, et lui dit qu'il était déterminé à attendre les gens de justice, et que tout ce qu'il pouvait était de ne se pas tuer sous ses yeux.

Blanche le supplia longtemps en vain ; enfin il lui dit : — Je sais que rien ne saurait vous faire manquer à la parole que vous avez donnée à votre mère. Je ne vous le demande même pas ; mais, si vous voulez que je prenne soin de ma vie, faites m'en une à mon tour. Jurez moi de n'être jamais à un autre. A ce prix, je vous jure de ne point attenter sur moi, et de chercher à me dérober aux poursuites de la justice.

Mademoiselle de la Hautière entendit du bruit, et se persuadant qu'on le venait arrêter, elle lui dit tout effrayée :

—Comme je suis, en effet, bien résolue à ne me marier jamais, je consens à en prendre l'engagement ; et aussitôt elle exigea qu'il la quittât et courût chez M. d'Hénin.

Celui-ci ne faisait que d'apprendre l'événement, il s'apprêtait à sortir pour s'informer en quoi il pourrait être utile à ses malheureux amis. Dès qu'il aperçut le duc, il vola au-devant et lui prodigua toutes les consolations; mais Arthur n'était en état d'en recevoir d'aucune espèce, et l'idée de perdre Blanche s'offrant à lui avec une nouvelle vivacité, il regretta le serment qu'elle lui avait arraché de ne se pas donner la mort, et se jetant, dans son désespoir, aux pieds de M. d'Hénin, il le conjura de lui rendre ce triste office, s'imaginant que s'il mourait de la main d'autrui il ne violerait pas sa promesse.

M.. d'Hénin, voyant qu'il avait affaire à un homme qui délirait, en eut tant de pitié qu'il crut pouvoir se permettre de lui donner une ombre de vague espoir, et lui dit qu'on ne savait pas ce que le temps pouvait amener.

Mais M. de Bellingua lui répéta qu'il connaissait Blanche mieux que personne, qu'il l'avait perdue; que sans elle la vie lui était insupportable; qu'il se sentait moins de remords d'avoir tué un homme que de lui avoir déplu ; qu'il lui était impossible, absolument impossible d'exister sans elle ; et étreignant de nouveau ses genoux, il le conjura plus vivement encore de mettre un terme à ses maux. Puis, s'étant relevé, il s'approcha de la cheminée, et frappant le marbre de son front, hors de tout sens. — Ah! pourquoi, poursuivit-il, lui ai-je promis de ne pas m'ôter la vie? maudit sois-je! maudit soit ce bras qui s'est plongé dans le sang! et avant que le seul témoin de cette scène qui était loin de soupçonner sa pensée ait eu le temps de l'arrêter, d'une main à laquelle prêtait sa force la rage et le désespoir, tirant son épée, il fit voler l'autre aux pieds de M. d'Hénin, qui, terrifié de ce spectacle épouvantable, jeta un grand cri et tomba privé de tout sentiment.

Les personnes qui accoururent s'étant empressées d'aller quérir des médecins, ceux-ci déclarèrent que M. d'Hénin était frappé d'apoplexie foudroyante, et dans le plus grand péril ; qu'au contraire il n'y aurait de danger pour M. de Bellingua que dans le cas où surviendraient des accidents imprévus. La blessure qu'il s'était faite, toute grave qu'elle fût, n'en offrant pas pour le présent, et celle qu'il avait reçue étant si légère qu'elle en méritait à peine le nom.

Cependant, sitôt qu'Arthur l'avait eue quittée, Blanche, ayant rassemblé ses forces, avait couru chez madame de Bellingua ; cette dernière ne savait encore rien de ce qui s'était passé, et, dès qu'elle en fut informée, elle pria mademoiselle de la Hautière de l'accompagner chez M. d'Hénin, ce à quoi celle-ci n'eut pas de peine à consentir, car la promesse que lui avait faite Arthur ne la tranquillisait qu'à demi. Elles arrivèrent un moment après la tragique scène que j'ai mise sous les yeux de mes lecteurs.

C'en fut trop pour la frêle organisation de la duchesse. La vue de son enfant le plus chéri, sanglant, mutilé, troubla soudain sa raison ; et lorsque les docteurs eurent achevé de donner leurs soins à ceux pour lesquels on

les avait appelés, ils s'aperçurent qu'une troisième personne en avait un égal besoin, et que
la mère était pour le moins aussi à plaindre
que le fils.

Quant à mademoiselle de la Hautière, ce fut
avec une constance presque incroyable qu'elle
supporta ces nouveaux coups. On l'eût prise
pour la statue de Niobé ou celle de la Douleur.
Elle ne rompit le silence que pour demander
à l'un des médecins ce qu'il pensait de M. d'Hé
nin. Le disciple d'Hippocrate lui répondit
que tout dépendait de la saignée. Et la veine
ouverte, le sang étant venu, quoique en petite
quantité, et le patient ayant fait quelques
mouvements, les docteurs s'accordèrent à
croire qu'il en reviendrait, mais probablement
pour rester atteint d'une complète hémiplé-
gie; à l'égard de ses facultés intellectuelles, ils
dirent ne pouvoir encore rien pronostiquer.

Le lendemain, les deux malades étaient assez bien pour leur triste situation; mais il n'y
avait aucune amélioration dans celle de madame de Bellingua, dont l'idée fixe était qu'on

allait venir lui arracher son enfant, et qui, dans cette pensée, se jetait aux pieds de tous ceux qui l'entouraient, les prenant pour des sergents.

Le fait est que M. de Chamiras (le père du mort) avait d'abord ardemment désiré l'arrestation du meurtrier de son fils; mais qu'ayant appris depuis l'affreux état où la duchesse était tombée, et l'horrible punition que le jeune duc s'était infligée à lui-même, il sentit toute sa colère s'évanouir devant de telles infortunes, et se désista, se trouvant assez vengé. Les poursuites auraient pu avoir lieu d'office; mais, d'une part, l'orage révolutionnaire, qui commençait à gronder, tournait déjà de son côté les regards, et, de l'autre, la famille de Bellingua, qui était riche et puissante, mit tout en œuvre pour assoupir cette affaire, et elle y parvint.

Un mois après les lugubres événements que je viens de raconter, M. de Bellingua était rétabli autant qu'il le pouvait être, et il était confirmé que M. Hénin demeurerait paralysé, et passerait dans son lit et son fauteuil tout le le reste ses jours.

Cet accident lui avait aussi laissé une extrême difficulté de prononciation, et dans l'air quelque chose d'hébété; mais ce n'était là qu'une apparence, car pour ce qui est de ses facultés morales, le vrai est qu'il les avait recouvrées dans toute leur intégrité.

Un jour que mademoiselle de la Hautière, qui, depuis les dernières épreuves auxquelles l'avait soumise la Providence, partageait son temps entre l'église, M. de Bellingua et M. d'Hénin, se trouvait près de celui-ci, seule avec la garde qui le servait, elle pria cette femme de se retirer, et approchant sa chaise du canapé où il était étendu, elle lui prit la main et lui dit :

J'ai une proposition à vous faire, mon cher ami, et j'espère bien que vous allez y consentir. Tant que vous avez été en péril, j'ai passé ici les trois quarts de mes journées, et je vous ai même veillé plusieurs nuits. Maintenant que vous êtes mieux, il ne serait pas convenable (du moins le craindrais-je), que je vous continuasse de pareils soins ; cependant je ne pourrais me résoudre à vous laisser entre des mains mercenaires, et après avoir longtemps réfléchi sur notre position réciproque, j'ai vu que je n'avais qu'un seul moyen de concilier les exigences du monde avec celles de mon cœur.

C'est pourquoi je vous demande en grâce aujourd'hui, de vouloir bien m'accepter pour votre femme.

— Jamais, jamais ! s'écria M. d'Hénin ; est-ce dans l'état où je suis, grand Dieu, que je dois songer à devenir votre époux ?

Mais ce motif de refuser votre main n'existât-il pas, la promesse que vous avez faite à M. de Bellingua n'en serait-il pas un assez impérieux, lui seul beaucoup plus que suffisant ? D'ailleurs, quel rôle jouerais-je, et que pourrait-il penser de mon caractère, quand moi-même lui ai laissé entrevoir qu'un jour peut-être il parviendra à vous fléchir ? Ne m'en reparlez plus, ma chère Blanche, il me

semble même que vous auriez dû me connaître assez pour savoir que je n'accepterais pas
un semblable sacrifice.

— J'ai prévu votre refus, reprit mademoiselle de la Hautière, et je suis en mesure de
répondre à toutes vos objections.

J'ai, dites-vous, donné ma parole à M. de
Bellingua, de ne me marier jamais. Cela est
vrai ; mais il l'est aussi que j'étais si troublée
alors que je n'avais mon libre arbitre qu'à
moitié.

Que parlez-vous de sacrifice ?

Jamais ma main n'appartiendra (que je
vous la donne ou non) à celui à qui si longtemps je l'ai destinée ; et malgré ce que je
viens de vous dire à l'égard de la promesse
que m'a arrachée l'imminence de son danger,
si vous la refusez, jamais non plus elle n'appartiendra à personne.

Que si c'est votre situation, cher monsieur
d'Hénin, qui vous fait un scrupule de l'accepter, considérez que, décidée comme je le suis
à demeurer fille, si vous persistez dans votre

refus, ma vie n'en sera ni moins triste ni moins solitaire, mais qu'elle me paraîtra moins utile et partant m'offrira moins d'intérêt. Ce fut toujours un besoin pour moi de la sentir profitable. Mais les peines m'en ont si fort détachée, qu'aujourd'hui le degré d'utilité dont je la crois est la seule mesure du prix que j'y mets encore. Je ne vous parle point de mon estime, de mon affection, elles vous sont assez connues ; mais ce que je veux vous dire, c'est que j'ai moi-même soif de ces deux sentiments ; ce dont je veux vous assurer, c'est que le parti auquel je me suis arrêtée est non seulement le plus propre à adoucir votre existence, mais aussi la mienne, et celui qu'il est à l'un comme à l'autre, le plus convenable, et le plus avantageux de prendre dans la position que nous a faite le sort.

— N'importe, dit M. d'Hénin, tant que vous êtes libre, Arthur peut se flatter d'ébranler votre détermination, et encore un coup, je ne saurais oublier que moi-même lui en ai donné l'espoir.

—Il ne le gardera pas longtemps, répliqua Blanche, et si ce n'est que cela qui vous arrête, un mot va vous décider. Je serai votre épouse dans quelques jours ou celle de Jésus-Christ.

M. d'Hénin fut vaincu par la pensée de voir Blanche prendre le voile, et il lui dit :

— Réfléchissez-y du moins encore quelque temps ; dans un mois nous reprendrons cet entretien.

— Non, dit-elle. J'ai réfléchi suffisamment ; ce n'est pas à la légère que je me suis résolue à vous parler comme je fais. Avant, j'ai demandé à Dieu ses lumières ; à ma conscience ses avis, à l'ombre de ma mère ses inspirations. Et elle le quitta sans lui donner le temps de répondre.

Dans l'après-dînée, Arthur la vint voir.

— J'ai une bonne nouvelle à vous annoncer, lui dit-il dès qu'il entra. Ma mère a eu quelques instants de lucidité. Les médecins en augurent favorablement, et ils m'engagent à la conduire à Paris.

Blanche approuva fort ce projet qui, de

toute façon, lui semblait si à-propos, et après l'en avoir félicité, elle lui dit que son intention était de le faire prier de passer chez elle, s'il n'y était pas venu.

— Vous aviez donc aussi quelque chose d'important ou de pressé à me dire, répondit-il.

—Oui, dit-elle, et je vous supplie de l'écouter sans m'interrompre. Alors, elle lui rapporta presque mot à mot la conversation qu'elle venait d'avoir.

En l'écoutant, une vive émotion altéra les traits d'Arthur, et quoiqu'il se contînt assez pour garder le silence, son visage exprimait si clairement ce qui se passait en lui que si mademoiselle de la Hautière l'eût regardé, elle n'eût pas eu la force de continuer ; mais se craignant elle-même, elle tint ses regards baissés jusques à la fin, et alors elle les leva avec courage, garda le silence à son tour et attendit.

— Blanche, dit l'impétueux jeune homme, dont la voix tremblait et d'amour et de colère, il n'y a donc de promesses sacrées pour vous que celles que vous avez faites à votre mère. Dieu ne commande-t-il donc pas de garder tous ses serments?

— Il est, dit-elle, une loi première que ce Dieu lui-même a écrite dans mon cœur en majuscules : c'est l'équité.

Un premier commandement, auquel sont subordonnés tous les autres : la Charité. Quand des devoirs différents sont en présence, et qu'on ne peut les accorder, c'est au plus faible à le céder au plus fort.

— Ah ! vous ne m'avez jamais aimé, s'écria Arthur, et ce devoir dont vous parlez a toujours été pour moi un rival auquel vous m'avez préféré sans cesse, et à qui vous finissez par m'immoler.

— C'en serait un peut-être pour moi, lui répondit-elle, que de vous laisser une semblable opinion ; mais avant qu'un nœud indissoluble, quel qu'il puisse être, ne me permette plus de sentir pour vous de l'amour; et moins encore de vous en exprimer sans crime, je veux bien vous laisser voir toute ma faiblesse, et vous diré que n'en eus jamais tant qu'en ce moment où je m'offre à d'autres chaînes. Savez-vous que de larmes j'ai répandues, que de combats j'ai livrés auparavant ? savez vous que ce que vous me reprochez est la plus haute expression de ma tendresse, en est le plus irrécusable témoignage ?

Croyez-moi, Arthur, le jour où je vous promis de demeurer fille, j'en avais l'intention la plus formelle ; et, bien que j'aie, en effet, pris cet engagement dans un moment où je n'étais pas à moi, je l'aurais tenu si vous aviez tenu le vôtre ; qu'osez-vous parler de manque de foi, quand m'ayant juré de ne point attenter sur vous... je ne vous reproche rien, hélas ! vous n'êtes que trop à plaindre ! mais il n'en est pas moins vrai que votre douleur se changea en une rage forcenée, dont les effets funestes ont rejailli sur deux personnes, qu'ils ont faites presque également misérables et dignes de toute notre commisération. Les soins que vous prodiguez à l'une sont, avec vos regrets, toute l'expiation qu'à son égard vous pouvez offrir au ciel. Laissez-moi me charger de l'apaiser en ce qui touche la seconde. Laissez-moi espérer que ma vie entière, employée à réparer, par tous mes efforts, une faute malheureusement trop irréparable, sera acceptée comme une satisfaction suffisante et vous en obtiendra la rémission.

Voilà ce que j'ai imaginé, et comment nous voyant séparés pendant cette vie, je me suis arrêtée à ce qui m'a paru le plus certain pour être réunis dans l'éternité. Mais, pour cela, du moins faut-il, cher Arthur, que vous entriez dans mes intentions, et du fond du cœur correspondiez à mon entreprise.

D'ailleurs, je m'adresse à votre équité; M. d'Hénin est le meilleur et le plus parfait des hommes, il nous a donné mille preuves d'attachement; hélas qu'a-t-il reçu de nous en retour !...

Il y a dans l'amour vrai, joint à la vertu, tant de puissance, que lorsque ce couple, qui devrait être à jamais inséparable se montre uni , rien ne saurait lui résister.

M. de Bellingua sentit soudain se dissiper son courroux, s'évanouir sa jalousie. Son âme s'agrandit, elle s'éleva pour se mettre au niveau de celle de sa bien-aimée. Le temps disparut à ses regards, il trouva qu'en effet c'était peu de chose de céder Blanche quelques moments sur la terre pour la posséder éternellement dans le ciel.

Il lui tendit donc la main en signe d'acquiescement et lui dit :

Qu'il soit fait, Blanche, comme vous l'avez résolu.

Le lendemain, M. de Bellingua partit pour Paris avec la duchesse sa mère. Huit jours après, mademoiselle de la Hautière épousa M. d'Hénin.

Ici finit l'histoire de Blanche, pour ceux du

moins qui d'une existence n'aiment à connaître que ses orages. Peut-être est-ce la plupart de nous, peut-être tous. La nature accidentée n'est-elle pas partout celle que nous préférons ?

Qui nous plaît le plus, ou la plaine couverte d'épis dorés, ou le volcan qui vomit la lave et la flamme ?

Qui attire et fixe le plus nos regards, ou les prés fleuris, ou les plus affreux abîmes ?

Ne contemplons-nous pas froidement une mer unie, coulant sous un ciel d'azur, et ne nous enthousiasmons-nous pas pour l'Océan en fureur, roulant ses vagues écumeuses, et soulevant jusqu'au ciel ses flots irrités ?

Cependant, comme il peut être des exceptions, et qu'aussi la moralité à tirer de ce récit serait incomplète, si je n'apprenais point à mes lecteurs ce que depuis il advint de mes héros, je le ferai brièvement.

D'ailleurs, ce n'est pas non plus une chose si ordinaire et qui ne mérite réflexion, que la tranquillité qui, à partir de cette époque, devint leur partage.

Ces existences si agitées, ces cœurs si pleins de tempêtes dans le temps que le calme le plus profond régnait au sein de leur pays, étaient, par un étrange arrêt du Ciel, destinés à trouver le repos domestique au milieu de la tourmente générale. L'état d'infirmité de M. d'Hénin, l'intérêt que son épouse inspirait, l'obscurité de son existence, et, bien plus encore, la modicité de son avoir, lui firent traverser ces temps orageux sans que le foudre populaire l'atteignît de ses éclats.

Arthur lui-même en passa la première partie sans être inquiété, continuant de prodiguer à sa mère des soins malheureusement trop infructueux, appelant successivement, mais en vain, toutes les lumières de la science à son aide, reprenant et perdant l'espoir tour à tour ; car il revenait de temps à autre à la *citoyenne Bellingua* des éclairs de lucidité, et, dans ces moments, son fils se flattait de parvenir à ranimer cette vive intelligence. Plus tard, ses grands biens attirèrent sur lui l'attention, ce qui veut dire la persécution : seul, il n'eût peut-être pas émigré; mais la pensée d'être séparé de celle à qui il s'était dévoué l'y détermina. En 1795, il passa en Angleterre. Le peu d'argent qu'il avait pu emporter fit face aux premiers besoins; mais c'était de faibles ressources qui furent bientôt épuisées, et il dut en chercher d'autres dans ses talents; sa propre expérience lui montra alors, mieux que toute chose ne l'eût pu faire, de quelle importance il est pour l'homme d'en posséder au moins un réel et incontestable; elle lui fit en outre apprécier le soin qu'on avait pris dans son enfance de l'habituer à exercer ses bras indistinctement. Grâces à cette sage prévoyance, ses connaissances en peinture ne furent pas perdues; il y a plus, Dieu, voyant ses intentions, permit que la nécessité où il se trouvait de se servir de la main gauche, le rendant un objet de curiosité, le mit à la mode, et lui fit gagner beaucoup plus.

En 1812, il perdit sa mère, qui, ainsi que cela arrive assez souvent, avait retrouvé toute sa raison quelques heures avant sa mort, et l'avait béni avant d'expirer.

Revenu en France à la rentrée des Bourbons, un petit bois taillis, le seul de ses biens qui n'eût pas été vendu, lui fut restitué ; plus tard, il eut part à l'indemnité.

A son retour dans sa patrie, il vola à N... et courut chez Blanche, moins pressé d'avoir des nouvelles de ses domaines que de ses amis. M. d'Hénin vivait encore ; mais, quoique son moral fût toujours intact, il était aisé de voir qu'il penchait sur le bord de son tombeau. Quant à Blanche, sa beauté avait pris avec les années une expression différente. Il avait laissé une vierge de Raphaël, il retrouvait une sainte de Léonard de Vinci.

Tous deux reçurent leur hôte avec la plus tendre et la plus affectueuse cordialité.

— Je remercie le ciel de votre arrivée, dit M. d'Hénin, si j'étais mort auparavant, ma pauvre Blanche serait restée bien isolée sur la terre. Je compte sur vous pour l'aider à achever le pélerinage.

— Pourquoi, dit-elle, ne pas plutôt espérer que nous ferons le reste de la route tous trois ensemble ?

— Non, reprit son époux, mon heure est venue ; vos soins, chère amie, l'ont retardée autant qu'elle le pouvait être. Que de fois vos paroles ont retenu mon âme près de s'envoler, vos regards rallumé le flambeau de mes jours qui s'allait éteindre ; ne suis-je pas trop heureux que sa mourante clarté se projette sur ce qui m'est le plus cher !.. En disant ces mots, il prit une des mains de Blanche, celle d'Arthur, et, les yeux humides, les pressa tant qu'il put contre son cœur ; mais comme si cet effort et cette émotion eussent achevé d'épuiser le peu des forces qui lui restaient, et qu'il n'eût, en effet, attendu qu'Arthur pour exhaler le dernier soupir, son cœur cessa de battre, ses mains défaillirent, et il expira entre leurs bras.

Dès que le temps que M. de Bellingua crut devoir donner aux convenances fut écoulé, il pressa de nouveau Blanche de lui accorder sa main.

— Pas plus maintenant qu'avant, lui dit-elle ; mais nous avons passé l'âge où la malignité pouvait trouver prise sur nous ; désormais la calomnie ne peut nous atteindre ; profitons-en pour nous voir souvent, et offrons au monde un modèle plus rare peut-être que celui de parfaits époux, soyons de parfaits amis.

Arthur se soumit à cet arrêt.

Plus tard, lorsque la vieillesse eut argenté leurs cheveux, la même habitation les réunit.

Le soir de leur vie est semblable à ces délicieux couchers de soleil qui font douter celui qui les considère s'ils ne sont pas préférables aux plus belles aurores, aux plus éblouissants midis.

Leurs âmes pures et sereines, dégagées des liens, des passions qu'elles ont domptées, purifiées au feu de l'adversité des légères souillures qu'elles avaient pu contracter dans le commerce du monde, goûtent par anticipation la paix des élus.

Ils trouvent dans leur cœur un avant-goût des félicités qui les attendent, et leurs regards, lorsqu'ils se lèvent vers le ciel, y entrevoient la couronne du martyre; car ce n'est pas celui du corps seul qui y a droit, et les palmes réservées à celui du cœur ne sont ni moins éclatantes ni moins glorieuses.

Cependant comme le vieil homme perce toujours, Arthur n'a pu s'en dépouiller entièrement, et comprenant que celle en qui le monde voit madame d'Hénin est demeurée aux yeux de Dieu comme aux siens, *mademoiselle de la Hautière*, il n'a jamais pu se résoudre à lui donner un autre nom.

Depuis de longues années, Blanche, au jour trop mémorable pour son cœur, allait s'agenouiller sur la tombe de madame Marsolier. Elle se plaisait à y répéter les paroles que, pour la première fois, elle lui avait dites au salon vert.

O ma mère, êtes-vous contente de moi ? Car depuis qu'elle l'avait perdue elle vivait en sa présence comme en celle de Dieu.

Maintenant ce n'est plus seule qu'elle y va : une autre tombe s'est élevée auprès de celle de madame de la Hautière, où sont venus reposer par les soins d'un fils les restes mortels d'une autre femme décédée à l'étranger. Et lorsque Blanche, prosternée sur un tombeau, fait entendre d'une voix pleine d'émotion ces paroles déjà citées :

O ma mère, êtes vous contente de moi?

Une autre voix plus grave et non moins émue répète sur l'autre cercueil :

O ma mère, êtes-vous contente de moi?

Puis toutes deux, s'élevant ensemble à l'unisson vers le Ciel, disent encore :

O mon Dieu, êtes-vous content de nous?

Il n'y a pas eu un seul duel à N... depuis plus de cinquante ans.

QUATRE FRANCS ET QUATRE SOUS.

Il était une fois, à Paris, deux petits garçons de dix à douze ans, dont l'un était si
aimable que tout le monde l'appelait *le bon
petit Jean*, et l'autre si méchant qu'on ne le
nommait que *le mauvais petit Jacques*. Or,
la marraine de Jacques était riche, et celle de
Jean était pauvre, et il arriva que chacun
d'eux étant allé souhaiter la bonne année à sa
chère marraine, le premier eut quatre francs

pour ses étrennes, et le second quatre sous seulement.

Les deux enfants se rencontrèrent un moment après avoir reçu ces cadeaux, et Jean, qui était d'un caractère gai et ouvert, aborda Jacques et lui montra joyeusement ses quatre sous, fort charmé d'un tel présent ; mais Jacques se moqua de lui et tirant de sa bourse ses quatre francs, les étala avec orgueil, et lui demanda ce qu'il pourrait faire de quatre sous, et quels plaisirs avec une pareille somme il espérait se procurer. Puis, sans attendre sa réponse, il fit une pirouette et lui tourna le dos, le plantant là fort peu poliment. Jacques n'était pourtant pas foncièrement méchant ; mais c'était un enfant très-gâté, et il paraît que sa subite opulence venait encore de lui endurcir le cœur, car il avait fait cette réflexion : que s'il emmenait Jean se promener et se divertir avec lui, il serait obligé de lui donner une part de tout ce qu'il achèterait de beau et de bon, au lieu que son petit compagnon ne pourrait rien lui offrir en retour.

Aussi, comme on vient de le voir, s'était-il empressé de le quitter, se promettant bien de s'amuser seul de toutes façons.

Il commença par entrer à un petit spectacle qui se trouva sur sa route ; mais il y en avait deux tout près l'un de l'autre, et, par malheur, croyant aller à des marionnettes où, pour dix sous, il eût réellement pris un peu de plaisir, il entra dans un endroit où l'on jouait des choses si fort au-dessus de sa portée qu'il s'y ennuya extrêmement , sans compter que le prix des places était moitié plus considérable ; deux désagréments qu'il n'eût pas eu avec Jean : d'abord parce que celui-ci était bien moins étourdi ; ensuite, que, plus savant, il eût mieux lu l'affiche. Toutefois, en sortant de ce théâtre, notre *richard* entra aux vraies marionnettes ; mais on baissa le rideau un moment après, en sorte qu'il en fut encore pour dix sous sans avoir presque rien vu ; ce qui le dégoûta tellement et le mit de si mauvaise humeur qu'il passa devant des salons de figures de cire, des chevaux de bois et bien d'autres jeux, sans vouloir s'en donner le divertissement.

Il y avait déjà quelque temps qu'il cheminait assez tristement par les rues, quand il vit venir à lui une troupe de petits mauvais sujets qui lui demandèrent l'aumône. Aussitôt il prit dans sa poche une poignée de menue monnaie, et la jeta au milieu de ces garnements, lesquels se précipitèrent dessus, et se livrèrent bataille pour la ramasser; et comme le résultat de ce combat fut des genoux meurtris, des yeux pochés et des mains égratignées, tous se répandirent en malédictions contre l'auteur de leurs maux, et l'un des pires de la bande lui lança, en s'enfuyant, une pierre qui, fort heureusement, ne fit que lui effleurer l'épaule. Jacques, bouillant de colère, se mit à la poursuite de son agresseur, mais il ne put parvenir à l'atteindre et fut obligé d'y renoncer après s'être mis en nage. Cette aventure fut cause qu'il se promit de ne plus faire la charité à personne. Certes, se dit-il, je ne serai pas si bête une autre fois; et des trente sous qui me restent, je vais m'acheter des joujoux et des gâteaux; en cela du moins je ne trouverai pas de mécompte. Il marcha donc dans ce dessein jusqu'à ce qu'il rencontrât un magasin de jouets, où étant entré il fit emplette d'un tambour qui lui coûta quinze sous. Puis il s'en alla battant dessus de toutes ses forces. Il n'avait pas fait cent pas que le tambour était déjà tout crevé ; aussi quelques minutes après le jeta-t-il de dépit, et charmé de se trouver près d'un pâtissier, il y acheta pour ses derniers quinze sous une tarte à la confiture qui avait une mine tout à fait appétissante. Il la portait à ses lèvres, quand apercevant au travers des vitres le mauvais petit gamin qui l'avait frappé, il la laissa retomber sur le comptoir et s'élança d'une telle impétuosité qu'il en cassa un carreau.

Or, chers petits lecteurs, vous savez le proverbe : « *Qui casse les verres les paie.* » Il paraît que la pâtissière le savait aussi. Elle arrêta M. Jacques par sa blouse et lui dit que s'il ne payait pas le carreau elle le ferait mettre en prison. — Quel en est le prix? demanda-t-il tout tremblant.—Vingt sous.—Oh! mon Dieu! je n'en ai que quinze. — Je m'en contenterai : heureusement que vous n'aviez pas encore touché à ma tarte. Allez ; je vous fais grâce du surplus.

Jacques s'en alla en effet, bien triste, bien humilié. Il s'assit sur une borne, où il se mit à pleurer de chagrin et de honte. Ce fut là que Petit-Jean le retrouva.

En le voyant si affligé, ce charmant enfant oublia tout de suite combien il avait à s'en plaindre, et s'en étant approché, il lui demanda amicalement la cause de sa peine. Mais Jacques le pressa de lui dire auparavant ce qu'il avait fait depuis le matin, et comme, par modestie, il ne le fit que très-brièvement, c'est moi qui vais, mes petits amis, vous le raconter à sa place plus en détail.

Le pauvre enfant était d'abord, comme vous pensez bien, resté un peu étourdi de la façon dont Jacques l'avait quitté ; mais il en avait pris son parti promptement, et s'étant assis sur un banc qui se trouvait à quelques pas, il s'était mis à réfléchir à la manière dont il emploierait son trésor.

—Voyons, dit-il, pour commencer : un sou au premier pauvre infirme que je trouverai ; maman dit toujours qu'il faut avant tout mettre de côté la part des pauvres, d'abord parce que c'est un devoir, puis aussi parce que cela porte bonheur. Ensuite, deux liards de mouron pour mon petit moineau. Pauvre Pierrot ! il n'en a pas souvent ! Oh ! comme il va être content ! et moi donc, comme je le serai en le voyant agiter de plaisir ses petites ailes !.. Jean allait passer au troisième article de son budget, quand, levant les yeux, il vit devant lui une petite fille qui pleurait à chaudes larmes en cherchant quelque chose dans la poussière. — Qu'avez-vous perdu ? lui demanda-t-il. — C'est dit-elle, une plume métallique avec laquelle j'écris à l'école. Je n'en ai point d'autre, elle était dans ma poche ; apparemment qu'en en tirant des dragées que l'on venait de me donner, je l'aurai fait tomber par

terre. C'est congé aujourd'hui ; mais demain
il faudra aller en classe, et bien sûr je serai mise
en pénitence. Puis elle recommença à pleurer,
et Petit-Jean ne pouvant venir à bout de la
consoler, lui demanda ce que coûtait cette
plume. — Je crois, dit-elle, que c'est deux
liards. Alors il lui mit deux liards dans la
main, et la petite fille ne pleura plus, et elle
le remercia tant que ce fut presque lui qui
pleura de joie.

Dès qu'elle se fut éloignée, il songea à ce
qu'il ferait des deux autres sous, et s'étant
rappelé que sa maman disait qu'il fallait garder quelque chose pour les dépenses impré-
vues, il en mit un en réserve à cette intention ;
après quoi il décida que le dernier serait em-
ployé à son plaisir.

Petit-Jean ayant ainsi tout réglé se mit à se
promener, et comme le premier malheureux
qu'il rencontra fut un pauvre vieillard aveugle, il alla déposer bien respectueusement la
part du pauvre dans son chapeau, et l'aveugle
le bénit ; et la voix de ce brave homme était si

émue, et ses paroles si paternelles, qu'elles
remplirent l'âme de son jeune bienfaiteur de
la plus douce émotion.

L'heure sonna dans ce moment. Petit-Jean
l'écouta avec attention, puis, ayant remarqué
que celle où sa mère lui avait dit de revenir
approchait, il reprit le chemin de son domicile, car Petit-Jean n'oubliait jamais les re-
commandations de sa mère.

Il revenait tout doucement, en pensant
combien il avait été heureux ce jour-là, quand
il se trouva près du Pont-des-Arts (1), et entendit une pauvre femme, qui semblait au
désespoir, s'écrier : « Oh ! mon Dieu ! mon
« Dieu ! si j'avais un sou, j'arriverais peut-
« être à temps pour le voir ! Oh ! mon Dieu !
« il sera mort quand j'arriverai ! »

Petit-Jean devina tout de suite que cette
femme avait un fils, que ce fils se mourait à
l'hôpital, qu'elle ne le verrait peut-être pas faute

(1) Pour l'intelligence de ce passage, je crois devoir
dire à ceux de mes petits lecteurs qui n'habitent pas Paris,
qu'il faut payer un sou pour passer sur ce pont.

d'un sou, et il s'élança comme un trait, en jeta un sur le bureau du receveur, et la pauvre femme passa ; et Petit-Jean eut une joie si vive qu'il n'en avait jamais senti de pareille.

C'était quelques minutes après, ainsi que nous l'avons dit plus haut, qu'il avait rencontré Petit-Jacques se lamentant sur une borne.

Quand tous les deux se furent fait leur confession, ils se mirent ensemble à cheminer pour retourner chez leurs mères. Dans ce trajet le hasard les fit passer devant une marchande de galette. Petit-Jean, qui avait encore un sou, y entra, en acheta une belle part, et vint en offrir la moitié à Petit-Jacques. — Non, dit celui-ci, ce sou a été destiné à votre plaisir. - C'est précisément pour cela, répondit Petit-Jean, que je veux partager ce gâteau avec vous. Alors Jacques lui sauta au cou et lui dit : — Vous êtes cent fois meilleur que moi ; eh bien ! puisque vous êtes l'ami du bon Dieu, priez-le pour qu'il me rende bon comme vous. Jean le lui promit, et ils s'embrassèrent, et s'étant passé leurs petits bras autour de la taille, ils revinrent chez leurs mamans les meilleurs amis du monde.

Et depuis, tout le monde les a appelés *le bon petit Jean et le bon petit Jacques.*

N'oubliez pas, chers petits lecteurs, qu'avec quatre francs Jacques n'a réussi qu'à faire du mal aux autres et à lui-même ; qu'avec quatre sous, Jean a empêché qu'une petite fille ne fût punie, assisté un pauvre vieillard, adouci le sort d'une malheureuse mère, corrigé un camarade, et de plus acquis un ami. Imitez-le, mes chers petits, imitez-le, : il n'y a de vrai plaisir qu'à être bon et à faire le bien.

LE PETIT MÉCHANT.

Venez enfant, cessez vos cruels jeux,
Ne tourmentez plus ce caniche.
Venez, je veux vous dire un secret merveilleux,
Ce n'est point celui d'être riche ;
C'est celui, plus beau, d'être heureux.
Vous êtes malheureux, car toute la journée
De vos cris, de vos pleurs je suis importunée.
C'est à toute heure un vacarme infernal :
Le domestique vous sert mal ,
A vous porter votre bonne rechigne,

Le chien vous mord ; le chat vous égratigne,

Le perroquet vous pince ; vos moineaux

Vous piquent ; il n'est pas jusqu'à mes tourtereaux

Dont vous ne fassiez quelque plainte.

Pour vous tout est objet de reproche ou de crainte,

Tout être vous semble un vengeur.

Le genre humain entier avec vous vit en guerre ;

Des abeilles pour vous s'allume la fureur

Et devant la ruche de verre

Que pour votre plaisir tout exprès j'ai fait faire

Vous n'osez plus passer tant vous en avez peur.

    Ne dites point — Non mère.

    J'en sais le pourquoi ,

       Moi.

C'est qu'elles ne sont pas comme ces sauterelles

    Dont vous arrachez sans pitié ,

     Les pattes , la tête et les ailes.

Ces bêtes-à-bon Dieu qu'écrase votre pié ;

Ces misérables demoiselles ,

Et ce malheureux papillon

Dont vous avez hier transpercé les entrailles ,

Que vous craignez les représailles

Et qu'elles ont un aiguillon.

    Toujours triste , toujours maussade ,.

Parmi les enfants du quartier ,

Vous n'avez pas un camarade ;

Pas même dans ceux du portier :

Dans la loge entrons-nous, sa petite famille

A votre aspect fuit, s'éparpille ;

Le garçon inquiet, vous observant de l'œil ,

Se barricade d'un fauteuil ;

Une des sœurs, sans doute ayant moins de bravoure ,

Au risque d'étouffer sous l'armoire se fourre ,

D'autres derrière les rideaux ,

Et les petits, de leurs berceaux ,

Quoique le papa dise ou fasse ,

Vous font la moue et la grimace ,

Et pour ne vous pas voir se cachant de leur mieux ,

Mettent obstinément les mains devant leurs yeux.

Eh ! qui ne se veut pas soustraire à votre vue ?

Votre petite sœur, oui, votre sœur hélas !

Dès qu'elle vous entend, rien qu'au bruit de vos pas

Précipitant vers moi les siens, tout éperdue,

Se blottit sous mon schall ou se sauve en mes bras.

On vous craint autant que la peste,

Chacun loin de vous prend l'essor.

On vous maudit, on vous déteste ,

Et moi seule vous reste encor.

A qui la faute, je vous prie ?

A moins d'avoir perdu le sens,

Voyez-vous que bêtes et gens

Viennent m'attaquer en furie ?

Me fuit-on ? me hait-on ? me veut-on outrager ?

Se fait-on un plaisir de me désobliger ?

Non , n'est-ce pas ? pour moi Julie est attentive ;

Pierre à me contenter ne fait pas moins d'efforts.

Médor, aussitôt que j'arrive,

Fait éclater mille transports.

Votre petite sœur m'embrasse et me caresse,

Minette autour de moi vient faire le gros dos.

Sur mon épaule ou dans ma tresse,

A l'envi volent vos oiseaux.

Près des mouches à miel m'asseyant fort tranquille,

J'en contemple à loisir le diaphane asile.

L'être le plus craintif ne craint point mon regard,

A mes pieds vient jouer le timide lézard.

Sous mes yeux à fleur d'eau tanche et gardon circule,

Et jusque sur les fleurs les plus proches de moi,

Le tremblant papillon, la frêle libellule

Se viennent poser sans effroi.

Que par hasard dans l'avenue,

Je me promène le matin

Ou que je traverse la rue,

Chaque enfant du portier, chaque enfant du voisin,

D'un petit bonjour me salue,

Un moment près de moi se plaît à s'amuser.

Pour me payer ma bienvenue

Les uns ont un souris, les autres un baiser.

Et dans ce doux concert d'amour qui m'environne,

Votre cœur, mon enfant, est le seul qui détonne,

Aussi lorsque pour moi tout semble s'empresser,

Que tout recherche votre mère,

Pour vous, mon fils, c'est le contraire,

Et tout semble vous repousser.

Mais votre conduite et la mienne

N'expliquent-elles pas ces effets différents ?

Il n'est point avec vous patience qui tienne

Vous frappez votre bonne, injuriez nos gens.

A Médor tirez les oreilles,

A Minette le poil, la queue à ses chatons ;

Martyrisez les papillons

Et persécutez les abeilles,

Les mouches et les hannetons.

Avec vous tout pâtit, même mes tourterelles

Que vous faites saigner en leur coupant les ailes.

Mais ce ne sont encor que vos moindres méfaits,

Et de vous, malheureux, je connais d'autres traits
Dont mon cœur, aussi lui, saigne quand il y pense !
Aux enfants plus petits que vous,
Bien loin de prêter assistance
Vous les faites tomber, vous leur portez des coups ;
De votre jeune sœur Clarisse
Exprès vous cassez les joujoux
Et ses pleurs sont votre délice
Votre passe-temps le plus doux.
Puis, quand vous avez fait enrager tout le monde,
Vous accourez, pour que je gronde
Me dire, en me montrant vos bras et vos genoux,
Ou votre front, ou votre tête,
C'est le vilain Médor..., la méchante Minette...,
Ma foi, mon fils, tant pis pour vous.
Non, c'est tant mieux que je veux dire ;
Sans de telles leçons vous seriez encor pire.
   Raisonnons, examinons bien.
Si, comme vous j'agis en rien.
Pour tous nos serviteurs et surtout pour Julie,
Vous me voyez toujours indulgente et polie.
Aussitôt qu'un enfant à mon aide a recours,
Avec empressement je vole à son secours.
De Médor, parfois la pâtée

De mes mains même est apprêtée.

A Minette je garde un peu de mon café,

A ses petits, du lait chauffé.

Chaque tourtre en mon sein fait sa poule et se couche.

Vos moineaux mangent dans ma main.

Et quelquefois même en ma bouche,

Becquètent des miettes de pain.

La liberté de tous, toujours je la respecte,

Et jamais inutilement.

Je n'ai fait volontairement

Le moindre mal au moindre insecte,

Jugez-vous là-dessus, et soyez ébabi

Qu'on me cherche et vous fuie après ce parallèle,

Vous haïssez, méchant, et vous êtes haï,

La chose est toute naturelle.

Vous ne le ferez plus... — Ah ! tant de fois, mon fils

Tant de fois vous avez enfreint cette promesse,

Que rien que l'écouter fait que tous mes amis

Me gourmandent de ma faiblesse.

Vous pleurez. Près de moi je vous entends gémir,

Votre douleur pourtant cette fois semble amère.

C'est bien là, n'est-ce pas, non des pleurs de colère,

Mais des larmes de repentir.

Celles-ci, mon enfant, sont l'onde salutaire

Qui devant l'Eternel et devant votre mère,

A l'instant peut tout effacer.

Si tel en est vraiment le sacré caractère,

Sur mon sein, dans mes bras, ah ! venez les verser.

Mais le petit Jésus, mon fils, pour vous m'inspire...

Maintenant près de moi mettez-vous à genoux,

Joignez les mains, recueillez-vous.

Et de votre cœur qui soupire

Plus que de bouche encor répétez doucement

Et surtout bien pieusement

Les mots que je m'en vais vous dire.

O mon Dieu ! le petit Henri

Veut se corriger pour te plaire,

Pour consoler sa tendre mère,

Et de tous pour être chéri.

Eh bien ! vous le voyez, vous n'êtes plus en proie

A la tristesse, à la douleur,

Et la bonté dans votre cœur

A soudain ramené la joie.

Ce secret merveilleux que je vous ai promis

Le voilà tout, oh! mon cher fils :

Aimez afin que l'on vous aime

Du faible devenez l'appui,

Et pour être content d'autrui

Soyez-le d'abord de vous-même.

L'ENFANT VERTUEUX.

Alfred avait un an travaillé de son mieux ;

Aussi le jour des prix, Alfred fut bien joyeux ;

Quatre !... sept accessit !... quelle heureuse journée !

A des transports nouveaux son âme abandonnée ,

Sur le sein maternel épanchait son ardeur

En des baisers brûlants , en longs cris de bonheur.

Ce jour voyait d'Alfred la première vitcoire.

Mère ! ô mère ! dit-il , qu'elle est belle la gloire !

Il n'est rien de si beau. Ce fut tout ce qu'il dit ;

Mais dans ses yeux de flamme un livre était écrit.

Sa mère n'y lut point sans quelque inquiétude :
Le souci naît souvent de la sollicitude ;
Orgueilleuse pourtant de ce brillant essor ,
Elle lui fait présent de quatre pièces d'or :
Prends ceci, mon enfant, selon ta fantaisie
Tu peux en disposer. — Que je te remercie !
Mais, ma chère maman, est-ce bien tout de bon?
Si j'achetais avec des joujoux , du bonbon,
Tu ne me dirais rien ? rien du tout ? —Non, sans doute ;
Cet argent t'appartient entièrement ; écoute :
Tu m'as fait aujourd'hui tant de plaisir, mon fils ,
Que je veux aussi, moi, t'en faire si je puis.
Ne désires-tu rien ? — Oh ! si vraiment !... devine,
—Je ne sais, aide-moi. — Depuis plus de trois mois...
Va, ce n'est ni tambour, ni pantin, ni praline,
Tu ne trouves donc point? — Non. — Un cheval de bois ;
Mais pas comme celui que Jule eut pour étrenne ;
J'en veux un que l'on monte un qu'à son gré l'on mène ,
Un qui serve vraiment, qui, le ressort monté ,
Marche , trotte, galope, et puis à volonté
S'arrête.. et grand, bien grand, et d'un beau noir d'ébène.
Eh bien , mon fils, avec les pièces que voilà
Tu peux en avoir un de cette espèce-là.
— Est-il vrai ? quel bonheur ! oh ! si tu voulais, mère !

J'en ai vu l'autre jour chez Giroux de si beaux ,

Ce n'est qu'à quelques pas , j'y serais en deux sauts.

— Je ne puis, sur ce point, mon fils, te satisfaire ,

Tout est fermé : — Demain , ce soir il est trop tard.

L'enfant , contrarié de ce léger retard ,

Trouva la nuit bien longue. Enfin , elle est passée ,

Le cheval est d'Alfred la première pensée ,

Il se lève à la hâte et sans déjeûner part ;

Mais , peu de temps après, il revient les mains vides ;

Son cœur est oppressé, ses beaux yeux sont humides.

—Eh bien , mon cher enfant, où donc est le cheval ?

Tu ne me réponds point , te serais-tu fait mal ?

Es tu tombé ? quelqu'un t'a-t-il fait de la peine ?

Ah ne me laisse pas plus longtemps incertaine ?

—Je n'ai rien.—Comment rien! mais ton air, mais ta voix,

Mais tes pleurs, tout, mon fils, te dément à la fois.

Conte-moi ton chagrin. As-tu peur de ta mère ?

—Je n'ai point de chagrin, maman, bien au contraire ;

Je pleure, mais, vois-tu, je ne sais pas pourquoi,

Car jamais je ne fus si satisfait, je croi.

C'est comme un paradis dans mon cœur, c'est étrange ,

Il me semble être heureux comme doit l'être un ange ,

Peut-être là-dessus tu pourras m'éclairer ;

Mais un petit moment, oh ! laisse-moi pleurer.

— Soit, puisque de ces pleurs tu me diras la cause.

— Tiens, me voilà tout prêt à te conter la chose.

D'abord, tu te souviens que c'était chez Giroux

Que j'allais tout courant, en sortant de chez nous,

Ne songeant qu'au cheval, rien n'arrêtait ma vue,

Quand ne voilà-t-il pas qu'au détour de la rue

Je me trouve arrêté par un encombrement,

Et comme j'essayais d'en sortir vainement,

J'aperçois un enfant à peu près de mon âge,

Dont les larmes baignaient le triste et doux visage.

Il allait à chacun, puis il parlait tout bas,

Et chacun lui disait : Ne vous arrêtez pas.

Alors, moi, je l'aborde et lui dis : « Camarade,

Est-ce que, par malheur, ta maman est malade?

— Non, m'a-t-il dit d'un ton à remuer le cœur ;

Mais je n'en ai pas moins pour cela de douleur.

C'est bien pis.—Comment pis ?—Oui, c'est pis qu'il faut dire

— Je ne te comprends point. — De besoin elle expire.

Tous six nous n'avons pas depuis hier, je crois,

Mangé de pain chacun aussi gros qu'une noix.

— Hélas! mon Dieu! comment cela se peut-il faire ?

N'as-tu plus de papa pour t'en gagner? — Mon père

Est, cher petit monsieur, un ancien militaire

Infirme et tout usé. Naguère il conduisait

Avec un vieux cheval un vieux cabriolet ;

Mais le cheval est mort la semaine dernière ;

C'était le gagne-pain de la famille entière.

A présent il faudra mourir de faim, hélas !

— C'est bien cher, ai-je dit, un cheval, n'est-ce pas ?

— Si c'est cher, m'a-t-il dit. Oh ! oui, c'est cher sans doute.

— Mais encore, dis-moi, sais-tu ce que ça coûte ?

— Pour cent francs, même moins, je pense qu'on pourrait

En avoir un passable et qui nous suffirait.

— Oh ! maman, pense donc, un vrai cheval en vie !

Un cheval qui pouvait gagner leur vie à tous !

De l'autre cependant j'avais bien grande envie,

Car, cet autre, vois-tu, c'est le roi des joujous.

Il n'a point son pareil... Et pour ne te rien taire,

Il me tenait au cœur, ce joujou, chère mère,

Et j'étais de Giroux si proche !... Mais enfin !

J'ai pensé qu'ils n'avaient point d'habits, point de pain,

Et d'un plus long retard me faisant un reproche,

J'ai bien vite tiré tout l'argent de ma poche.

Prends cet or, ai-je dit, pauvre petit Thomas,

Maman m'a dit : Fais-en tout ce que tu voudras.

Je veux te le donner. O maman, quand je pense,

Comme il pâma de joie et de reconnaissance.

Et puis comme il vola chez sa mère en émoi,

Si content! mais, peut-être encor pas tant que moi!

Là je sens une joie extrême, intérieure,

Et je ne comprends pas vraiment pourquoi je pleure.

Mais tu pleures aussi! c'est singulier, qu'as-tu!

Quoi! tu baises mes mains!—c'est qu'il ne s'en faut guère,

Mon enfant, aujourd'hui, que je ne vous révère.

C'est que vous avez fait un acte de vertu.

Se priver d'une chose ardemmment souhaitée,

Désirée un long temps, dont l'âme est enchantée,

Pour soulager le pauvre en son besoin cruel,

C'est de la charité le trait essentiel.

C'est là de la vertu, je le répète encore,

Et c'est en vous, mon fils, la vertu que j'honore,

Sans peine à vos genoux je me prosternerais.

—Si c'est là la vertu, maman! Oh! qu'elle est belle!

Il n'est rien, n'est-ce pas, qui ne pâlisse auprès.

—Puissiez-vous toujours être à son culte fidèle!

J'aime à vous voir, mon fils, épris de ses attraits.

Mais hier, mon enfant, si j'ai bonne mémoire,

Vous me disiez aussi : —Qu'elle est belle la gloire!

—Il n'est rien de si beau.—*Je le croyais hier.*

A ce mot si touchant, dont son cœur est si fier,

Sa mère, sur ce cœur, que le bonheur oppresse,

L'étreint, en le baignant de larmes de tendresse.

A le considérer, s'enivre de plaisir ;

Puis sous un tel bonheur son âme enfin succombe ;

Et sa tête un moment sur son sein penche et tombe.

Mais de la voix sitôt qu'elle put se servir :

— Oui, mon fils, mon amour, mon trésor, lui dit-elle,

Tu sais apprécier leurs célestes appas :

Oui, la gloire serait la chose la plus belle

    Si la vertu n'existait pas.

FIN DU VOLUME.